『秋叶静美』生死学丛书

遗忘 与 难忘

胡宜安　著

华龄出版社

责任编辑：魏鸿鸣
责任印制：李未圻

图书在版编目（CIP）数据

遗忘与难忘 / 胡宜安著 . —— 北京：华龄出版社，
2020.12
ISBN 978-7-5169-1747-3

Ⅰ. ①遗… Ⅱ. ①胡… Ⅲ. ①死亡哲学
Ⅳ. ① B086

中国版本图书馆 CIP 数据核字（2020）第 197256 号

书　　名：遗忘与难忘
作　　者：胡宜安　著

出 版 人：胡福君
出版发行：华龄出版社
地　　址：北京市东城区安定门外大街甲57号　　邮　编：100011
电　　话：010-58122246　　　　　　　　　　传　真：010-84049572
网　　址：http://www.hualingpress.com

印　　刷：北京市大宝装璜印刷厂
版　　次：2020年12月第1版　　2020年12月第1次印刷
开　　本：710mm×1000mm　　1/16　　　　　印　张：13.75
字　　数：140千字
定　　价：68.00元

《秋叶静美》丛书编委会

主　编：胡宜安

副主编：雷爱民　张永超

编　委：胡宜安　雷爱民　张永超

　　　　何仁富　黄　瑜　温远鹤

　　　　李　杰

编者的话

　　华龄出版社组织策划的《秋叶静美》生死学丛书涉及死亡认知、临终尊严、老年失智、生前预嘱、殡葬习俗以及生命回顾与追忆散文选编六个主题，这是国内第一套系统的生死学丛书，既体现着客观生命进程的内在必然，也体现着人们生命认知的主观需要。

　　生命既是一列没有返程票的列车，每个生命都有自己的终点站；生命也是一条川流不息的河流，每个人都会投向海洋的怀抱。如此看来，生命的旅程自是风光无限，出生是踏上这一列观光之旅，离别则是另一场旅程的开启。生是自然，死亦是自然。

　　长期以来，人们对生命的认知与感悟似乎只是悦纳生而畏惧死，且重生而轻死，所谓："靡不有初，鲜克有终。"不过，这种情况正在发生改变。随着国人对生命进程从"求取生存"到追求"生活质量"，再到追求"生命质量"的客观发展，人们对生死的认识与态度也在发生变化。尤其是中国社会进入老龄化时代之后，伴随而来的，除了一系列社会问题，更有深层次的思想认识问题需要解决，比如说：什么是死、如何面对自己的临终、如何处理逝者的后事……这些问题往往事关生者与死者、个体与社会关系的方方面面，可谓"牵一而发动全身"，而要解决这些问题，其前提就是向大众普及死亡教育、培养死亡自觉。

　　《直面与超越》引导读者思考什么是死亡？如何看待死亡恐惧？如何以科学之眼透视死亡？在死亡面前，人类是否可以通过不同途径超越死亡？读过本书，相信会带给读者以更多启发；《生命与尊严》对什么是临终尊严？什么是安宁疗护？以及临终尊严如何维护进行了较通俗而严谨的分析，旨在引导读者在面临"救治还是放弃"困境时如何作出正确的选择；《遗忘与难忘》针对失智与失能现象日益严重的问题，对什么是失智？如何认识失智？如何陪伴与照护失智症患者等问题进行较通俗的解答，引导读者面对"熟悉"的陌生人进行有效的陪伴，让爱同行；《准备与道别》则重在解答如何有准备地迎接死亡的问题，明确告诉读者：我们是可以通过生前预嘱、预立遗嘱以及培养良好的疾病观念，给予家人的陪伴与爱等，最后以"四道人生"实现生命的完美谢幕；《旧俗与新风》则面对如何安排亲人的后事，如何达到生死两安等问题，通过系统考察殡葬礼俗的概念及由来，以及殡葬的未来发展趋势，对我们如何做到"生死两安"作出了明确的解答；《回望与追忆》收集了古今中外多篇关于生命的回顾以及亲友的回忆散文，并做了深刻而清晰的导读，引导读者从这些优美的文字中吸取我们应对生离死别的生命智慧，从而坦然面对生死，优化自我生命。

本丛书分6个主题，且相互关联又各自成书，每一个主题都得以充分展开，从总体上呈现出丰富性与系统性；同时，丛书主题之间从一般认知到面对自己的临终，再到理性规划自己的死亡，有清晰的内在逻辑，从而使得整体内容连贯而完整。

认识死亡才能真正拥抱生命，也只有这样，才能抵达优雅尊严的人生终点站。丛书所倡导的豁达、平和而理性的生死观，必将对读者大众产生良好的启蒙作用。作为国内第一套系统介绍死亡的丛书，其所产生的社会效益值得期待。

目录
Contents

遗忘？难忘？

老年失智症，可以说是人类所面临的最令人心生恐惧的疾病，无论我们怎么描述与形容都不为过，它是比死亡本身更加可怕的恶魔。

人生病，这是谁都无法回避与逃避的，所谓"食五谷，生百病"。不过，就我们所熟悉的疾病来看，疾病固然影响人的健康，甚至危及人的生命，但患者还是能拥有丰富的情感与思想等，从而作为一个完整的人并与世界保持着联系。然而，失智症则剥夺了患者的所有东西，包括记忆、情感、智能、思想甚至本能，当然也包括健康，令个体无法作为一个独立的人而存在，并切断了其与外部世界几乎所有联系。对此，我们只能徒叹奈何。

然而，正如本书书名"遗忘与难忘"所暗示的，人类面对失智症表现出一种大无畏的西西弗斯式抗争，一种面对无法改变的病魔的反抗，彰显着人类生命的悲壮与神圣。

遗忘是失智症的本质，失智症所有的症状都建立在遗忘的基础之上，失智症正是借遗忘来摧毁人的一切。难忘表明我们并不轻易就范，而是为留住生命而拒绝遗忘，这既是面对失智的抗争，也是面对遗忘的救赎，更是对生命的信仰。

在这场伟大的抗争中，主角无疑是患者本人。长期以来，我们有一个极大的偏见，那就是：失智症患者由于心智退化，他们的自我意识会丧失掉。其实不然，遭遇失智症，任何人都会经历一个怀疑、愤怒、沮丧的过程，他们是苦难的经历者与受难者，在逐渐退化的过程中，他们的世界走向封闭，他们的时间不再连贯。然而，他们的内在意识依然存在，且大多隐藏在那些看似荒唐的举止背后；他们常表现出"回家"的焦虑，也会有"依然记得你"的瞬间……，这些都是对生命彼此的依恋与难忘。虽不能表达，但他们仍然有渴望需要满足、有尊严需要维护，他们本人已无能为力，但我们却不能无视。

来自家人亲友的难忘与抗争则带有几分悲情。我们习惯于我们的家人个个都心智完善、身体健康且能快乐相处，无论喜怒哀乐还是酸甜苦辣，都是生命的交互印记，是历经几十年的共同体验。不缺席彼此生命的进程是我们与父母的心灵之约；而携手到老更是夫妻间同生共死的生命承诺。可是，失智症却将患者与我们分离，将他/她围蔽成一个孤岛，从而遗忘一切，以至于多少年的亲情一朝变为"你是谁"的漠然；我们不得不面临着"无言而漫长的告别"，这种痛，只怕唯有经历过与正在经历着的人才能体会。面临渐行渐远的亲人，我们怎能无动于衷，轻易遗忘呢？

于是，遗忘变成了我们与患者的共同宿命，抵抗这一宿命便成为我们与患者共同的使命，"失智症患者遗忘的世界却不能遗忘他们"！失智令患者陷入漫长而寂静无声的黑暗幽谷，失智症患者的内在意识基本处于某种幽冥状态，交织着真实与虚幻并游走在过去与现在之间，而失智症患者的内心世界究竟如何，这已经超出了一般人类疾病的经验范畴，对失智症患者的照护如同幽谷伴行，我们唯有通过陪伴与爱来表达对患者心灵的守护与救赎。

对遗忘的抗争既基于对生命的信仰与信念，也表达对生命的信仰与信念。这种信仰令我们打破固有思维与偏见，学会从正面去看待失智症及患者，我们坚信：失智症虽然能够剥夺患者生命中的任何东西，但却剥夺不了生命本身，即毁灭不了一个"人"！这种信仰告诉我们：我们不必去关注患者正在失去什么，而是关注患者还拥有什么；不必去关注患者不能做什么，而是关注患者还能做什么；不必去关注患者忘记了什么，而是关注患者还记得什么……这种信仰让我们顿生出一种生存的智慧——面对失智症的退化病理所暗示的"明天会更糟"的必然与绝望，与其深陷于对明天的焦虑之中，还不如好好地活在当下，珍惜并享受与患者相处的时光，并为之付出我们的心血与爱，何惧明天会更糟！

对遗忘抗争的实质就是向死而生。失智是不可逆的退化过程，经过漫长的病程，一点一滴地将生命所有的灵性与尊严侵蚀，那种痛与无奈展现在面前，我们必然会因之而触动，并逐步领悟到死亡的真谛，从而观照当下的人生，建立起沟通生死的生命智慧，使我们能够从容应对人生中的任何挑战与苦难。这样看来，漫长的失智症照护也是一种向死而生的自我成长与完善过程。

简言之，直面失智、抵抗遗忘；坚定信仰、向死而生。明白这些，无论是正在经历失智灾难的患者，还是其他任何人，或许都能从中获得某种心灵的启迪，不至于在失智症面前张皇失措，甚至迷失了自我！

第一章

科学认知失智症

失智症（俗称老年痴呆症）是一类因脑部伤害或疾病所导致的渐进性认知功能退化症状。失智症患者以老年人最为常见，发病人群以65岁以上的老年人为主。根据世界卫生组织的预测，到2050年，失智症患者人数可能达到一亿人以上，成为继心血管病、癌症、中风之后的第四大常见死因。然而，无论是一般民众还是失智症患者，对失智症的认知却有不少误区，在态度取向上还存在着偏见，从而影响到失智症的诊治与照护，并造成不应有的个人、家庭与社会悲剧。显然，系统、全面地科学认识失智症对消除误区与偏见，从而对失智症进行有效治疗与照护非常重要。

一、失智而非痴呆

失智症（英文名：Dementia）是指脑部受伤害或疾病导致的渐进性心智功能退化，其退化的幅度远大于正常老化所引发的退化，包括记忆力、计算力、思维判断力、语言沟通能力等功能性的损伤。

人类接触失智症与接触其他疾病一样历史悠久。在中国，春秋时期的《左传》就最早提及这一疾病，曰："不慧，盖世人所谓白痴。"《华佗神医秘传》最早正式称之为"痴呆"。唐·孙思邈《千金翼方》对"痴呆"进行了较具体的描述："人五十以上阳气始衰，损与日至，心力渐退，忘失前后，兴居怠惰。"北宋时期就出现了现今世界上最早的老年医学专著《养老奉亲书》，宋·洪迈《夷坚志》记载了老年期痴呆："暮年忽病忘，世间百物皆不能辨，与宾客故旧对面不相识……阅三年乃卒。"明·张景岳在《景岳全书·杂证谟》中首次对本病的病因病理和诊治有了较为详细的论述。清·陈士铎在其《辨证录》中首立"呆病门"。在西方，相关史料表明，"失智症"在公元前500年已有记载，柏拉图的著作中也曾提及失智症。公元1世纪罗马医学家西尔塞斯在其医学著述中就曾记载失智症。16—18世纪的西方医学家详细记述了今天失智症皆有表现的各种症状，并认为这是一种衰老过程中的脑退化。

然而，尽管人类接触失智症历史悠久，却不能如同对待其他疾病那样正常对待失智症，反倒歧见丛生，误区不少。在今天失智症发病率日益增加的背景下，我们不得不重新开始认识它、面对它并寻求妥善的应对之策，以期有效地降低这一疾病给患者造成的不幸与痛苦。

要想让人们如同对待其他疾病那样对待失智症，首先得正名，所谓"名不正，则言不顺"。正名，一为抛弃偏见尊重患者，同时也为准确反映该疾病的本质特征。

1.为爱正名

长期以来，无论在民间还是在公共卫生领域，我们都在使用"老年痴呆症"指代失智症（Dementia）。甚至是每年9月1日"世界阿尔茨海默病日"，也有不少媒体还直译为"世界老年痴呆病日"。使用"阿尔茨海默病"一词主要是考虑到这一疾病是人们最常见的失智症，其实，除"阿尔茨海默病"之外，还有好几种失智症。失智症的叫法在中国台湾比较普及，在中国香港称"脑退化症"。随着对失智症研究的深入，以及人们对此类疾病日益关注，"老年痴呆症"一词越来越受到普遍的质疑。2012年9月，中央电视台联合国内多家媒体，呼吁消除社会歧视，为"老年痴呆症"正名。

（1）正名是为了提倡尊重与关爱患者

"痴呆"一词是一种贬义词，多指个体呆头呆脑、行动木讷的状况，一定程度上带有"愚昧""迟钝"等负面含义，即便是专业人员用这一名词来描述大脑退化疾病时，其所携带的蔑视与轻侮意味依然非常强烈。

命名是一种标记和辨识，有时更是一种暗示和强化。当一个人被诊断患上"老年痴呆症"，相当于被贴上了一个污名化的标签，这个标签，一方面会使其他人在有意无意间对患者另眼相看；另一方面会加重患者自身的耻辱感和恐惧感，无法接受自己患病的事实，从而不愿以真实身份示人，也不愿去就医，这样难免影响甚至延误疾病治疗，并造成严重的后果。

试想，一个人由于记忆力逐渐减退，认知功能日渐下降，出现"记不住事、认不得人"的症状，就被认为得了"老年痴呆症"，你可以说这个名称是在描述一种病理状态，却无法否认其中带有明显的歧视与偏见。这个词本身所固有的态度取向让人无法像对待其他身体疾病那样公允、坦然地面对与对待这类大脑疾病。因此，正名似乎是必要而且必然的趋势。

如果把"老年痴呆症"改回到规范名称"失智症"，相当于为患者淡化或取下"痴呆"的标签，有助于减轻患者的耻感和恐惧感，也有助于社会建立对此类疾病科学、理性的认知，减轻对患者的误解、轻视和歧视。所以，给"老年痴呆症"更名，绝不只是改一个名称的问题，而是一件关系到维护失智症患者权益和尊严的大事。

（2）正名能够更准确反映这一类疾病的真实本质

"老年痴呆症"既不科学也不严谨，无法准确反映这类人脑疾病的本质。首先，导致老人智力下降的疾病有很多。人们所说的老年痴呆症，因为多数患者是在65岁之后发病，经常伴随智力下降，所以俗称老年痴呆。在实际上，能导致老年人健忘和智力下降的疾病不只这一种；其次，罹患失智症的也并非全是老年人。历史上第一例以"阿尔茨海默病"命名的病例便是一位才51岁的患者，韩国电影《我脑海中的橡皮擦》也记录了一位年轻女子罹患阿尔茨海默病的故事。

相比较而言，"失智症"（英语：Dementia，德语：Demenz），其英文Dementia一词来自拉丁语（de-意指"远离"+mens意指"心智"）；是一种因脑部伤害或疾病所导致的渐进性认知功能退化，且此退化的幅度远高于正常老化的进展。以"失智"一词来表述这一类脑退化疾病应该说是非常准确：它既直接表达出这是一种大脑疾病，也强调了这类疾病渐进的过程性特征，从而有助于人们对这类疾病的理解与把握，更有助于人们能够客观而无偏见地对待此类病患。

因此，使用"失智症"一语应该不只是具有某种形式上的意义，而是有更加实质的意义。而相比之下，"老年痴呆症"则既有损患者尊严，也不利于对疾病的诊治与照护，因此，放弃这一污名化用语，是一个明智之举。

2.失智症的类型

失智症并非单一型疾病，而是一组有其各自显著特点的疾病簇，依病因不同，失智症大致可分为"退行性"和"血管性"两大类，还有因其他疾病如脑瘤、感染、甲状腺功能异常等造成的失智症。

最常见的是被称为"变性疾病"的脑部神经细胞缓慢坏死方面的疾病，亦即"退化性失智症"。阿尔茨海默病、前头/侧头型失智症、路易氏体失智症、额－颞叶失智症等，就属于这种"变性疾病"。仅次于"变性疾病"的，是因脑卒中或慢性脑血管病所引起的"血管型失智"。起因是脑梗死、脑出血、脑动脉硬化等，患了这些疾病后，由于停止向神经细胞输送营养和氧气，使部分神经细胞坏死、神经网络崩溃，进而引发脑血管型失智。

（1）阿尔茨海默病（Alzheimer disease AD）

澳杰斯特·狄特，这个名字或许对于大多数人来说十分陌生。1906年，澳杰斯特·狄特成为世界上第一位被报告的阿尔茨海默病患者，而发现这一病例的是德国医生阿罗伊斯·阿尔茨海默，因此，这一疾病被命名为"阿尔茨海默病"，就是现在人们常说的失智症。随着澳杰斯特·狄特的病症被发现，潘多拉的魔盒就此开启。虽然第一次发现的患者才51岁，还很年轻，但由于国际卫生组织将老年规定为65岁以上，所以研究都把65岁前的发病者称为"早老型失智症"，而65岁之后发病者称为老年失智症。但后来发现，两者的脑部病理变化与临床症状并无不同，于是不论65岁以前还是以后发病，都统称为"阿尔茨海默病"。现如今，仅中国就有近1000万例确诊的阿尔茨海默病患者，约占全世界的1/4，而该病只能靠药物维持，尚未找到治愈方法。

近年来有许多电影的题材是以"阿茨海默病"为主题展开的，许多人对于"忘了心爱的人也忘了自己"的失智症感到惊讶。但你知道吗，我们从电影上所看到的故事，许多都是失智症中的阿尔茨海默病，实际上，会引起失智症的还有其他病因，而后来的症状也不尽相同。

大部分病人都属于"退化性失智症"，其中最常见的是阿尔茨海默病，占所有失智症的60%左右。所以，谈到失智症时，常以阿尔茨海默病为例。阿尔茨海默病占了失智症六到七成的比率，是一种发病进程缓慢、却随时间不断恶化的持续性神经功能障碍。

在早期的病征中，患者的记忆力会出现衰退，并对时间、地点和人物的辨认出现障碍，因为在阿尔茨海默病初期，便是掌管记忆的海马回，以及掌管人格特质的大脑皮层的神经细胞发生病变退化。患者会在熟悉的街道上迷路，忘记经常使用的词汇，甚至逐渐忘记自己的家人以及发生在自己身上的事。

症状：迷路、健忘、认知功能衰退、情绪不稳、行为改变等。

阿尔茨海默病与帕金森病的区别在于：阿尔茨海默病与帕金森病有所不同。两者均属于大脑退化性疾病，但病因和症状各不相同。阿尔茨海默病属于"退化性失智症"，主要是记忆减退；帕金森则以身体震颤、行动不便为主。此外，也有帕金森合并失智症的情况。两者均无法根治。帕金森病的药物治疗效果较好，服药后症状大多有所改善；但阿尔茨海默病的药物治疗只能延缓认知功能退化的速度，少有明显的改善。帕金森病晚期有可能发展为阿尔茨海默病。

（2）路易氏体型失智症（Dementia with Lewy Bodies，缩写为DLB）

这是第二常见的退化性失智症，有10%至15%属于路易氏体型失智症。该失智症除了有认知功能障碍外，在病程早期就可能出现身体僵硬、手抖、走路不稳，以及重复无法解释的跌倒现象，这就是医学上常说的"共济失调"。

路易氏体失智症比阿尔茨海默病更是来势汹汹，它的发展非常快速，患者除了失智症，还会伴有帕金森氏症，经常开始时是以帕金森氏症的症状出现，而且它非常容易出现视幻觉，因此引起非常严重的焦虑。又因为发展太快，经常难以诊断，在欧美，研究者往往通过对患者死后进行尸体检验才确认明确的症状，否则，有些患者可能到死都没有得到正确诊断。路易氏体失智症因为合并身体的障碍，造成很多患者容易跌倒，甚至连行动都成问题，加上严重的视幻觉，对患者来说确实是很辛苦。其认知和行为特征包括执行功能、注意力和视空间能力的异常，以及幻觉、抑郁和焦虑。

症状：认知功能减退、反复出现幻觉、颤抖、步履不稳。

（3）额－颞叶型失智症（Frontotemporal Lobar Degeneration，简称FTLD）

这是脑部额叶、颞叶逐渐萎缩的一种脑部退化性疾病。额－颞叶型失智症是形成早发性失智症最常见的原因，影响人的语言能力、判断力、沟通能力以及日常生活能力。

额－颞叶型失智症表现为早期人格变化、不合常理的行为（例如该安静时却一直讲话）、语言表达不流畅，或者一直重复某些动作，例如来回走到某个地点、重复读同一本书、不停开关抽屉等，平均发病年龄在五十岁以后，比阿尔茨海默病早，且早期较难被周遭的人发现。而与阿尔茨海默病较大的不同是，疾病的初期，并不会出现神智混乱或是健忘的症状。

症状：以行为问题和语言问题为主。行为问题包括缺乏社交礼貌、不当的社交行为、冷漠、固执、无法控制的重复性动作、判断错误（如胡乱开车）、不注意个人卫生等。语言障碍分两种，一种是语言表达有困难，说话不流利，许多名词都讲不出来；另一种是讲话流利，但让别人无法理解。

表达性失语和理解性失语：

传统的研究区分了两类失语症——布罗卡区失语症和韦尼克区失语症。传统意义上的布罗卡区失语症表现为言语不流利，但无明显的理解能力缺陷，这是表达性失语；韦尼克区失语症言语流利，但有明显的理解能力缺陷，可称之为理解性失语。

表达性失语也表现在找词困难，无法准确表达自己的意思。《死亡的脸》一书曾讲述了这样一个失智症患者的故事。患者菲尔在患病的中期，他所要表达的意思和实际说出来的话常常大不相同。虽然有些中风的病人也有这种现象，但他们通常知道找不到正确的字词来表达。菲尔却没有这种自知。患者的妻子珍妮特记得，有一次他们在一起走时，他突然对她大叫："火车要误点了，快帮帮忙。"珍妮特说自己没有看到火车，他气愤地反驳："你的眼睛长到哪里去了，你没有看到吗？"一面手指着他松掉的鞋带。突然间，她明白过来，"他要我帮忙系鞋带，却用这种方式来表达。他知道要的是什么，却找不到正确的字眼。他甚至不明白这一点。"[①]

　　理解性失语症的典型症状就是患者说的话听起来很流利但实际上却没有任何意义。举例说明。当一个韦尼克区失语症病人被问及为什么送他来医院时，他给出了如下的回答："孩子，我在出汗，我非常紧张，你知道，有一次我被抓了起来，我不能提及那个tarripoi，一个月以前，只有一点点，我很好地完成了很多事情，我强加了很多，然而，在另一方面，你知道我的意思，我不得不逃来逃去，仔细检查，trebbin（一地名）和其他类似的材料。"显然，这句话语法没有问题，但却毫无意义，令人理解不了。[②]

（4）血管型失智（Vascular Dementia VD）

　　血管型失智是一组获得性神经功能障碍性疾病，起因是由于脑血管疾病，如多发性脑梗死、脑缺血性损伤或少数颅内出血引起的脑部损伤，临床上表现为认知功能和行为功能障碍。血管型失智的特点是起病突然，病情呈现阶梯性加重或波动性进展，这一点与阿尔茨海默病病状所呈现的持续性特征相反。随社会日益老龄化，老年血管型失智病绝对量及相对发病率均显著增加。我国血管型失智的发病率为0.17%，随人口老龄化的发展，患者有明显增加的趋势。在我国65岁以上的人群中，血管型失智的患病率高达1.1%。而且，血管型失智与人种有一定关系，据统

---

① 〔美〕舍温·努兰．死亡的脸［M］．杨慕华译．海口：海南出版社，2002：108．
② "韦尼克区"，百度百科．

计，在亚洲国家的失智症患者中，40%~60%为血管型失智，而在欧美的失智患者中，20%~30%为血管型失智，50%~60%为AD所致，另有15%为AD病合并VD。[①]

研究发现，血管性疾病是造成失智的第二大类原因，仅次于阿尔茨海默病。血管型失智的退化速度，取决于中风次数与中风发生的位置，有三大合并症，分别是感染、跌倒和再度中风。研究结果表明，血管型失智病人的死亡率，较其他老年失智症患者来得高。症状为日夜时序混乱、出现精神症状、情绪忧郁、小步行走、记忆衰退等。

如何确定失智症类型？

根据失智综合征和病因学诊断步骤，可为大多数表现进行性智力衰退的失智找到病因，这一步骤分如下五步：①有无皮质性特征（失语、失认、失用、失算等）→②有无多发性缺血发作特征→③有无运动障碍→④有无明显的情感障碍→⑤有无脑积水。

A.如果病人的症状具有皮质性特征（失语、失认、失用、失算等），可考虑病人是否为阿尔茨海默病（AD）；

B.如果病人的症状具有皮下特征（淡漠、思维缓慢），又具有多发性缺血发作特征，则考虑是否为血管型失智（或多发梗死性失智）；

C.如果病人的症状具有皮下特征，无明显缺血发作，但有明显的运动障碍，如舞蹈动作、震颤、不自主运动、共济失调等，则考虑病人锥体外系综合征失智（即各种肢体障碍）；

D.如果病人的症状具有皮下特征，无明显缺血发作，亦无运动障碍，但有明显的情感障碍、情绪低落，则考虑病人为抑郁性失智综合症（假性失智的一种）；

E.如果病人的症状具有皮质下特征，无明显缺血发作，无运动障碍，亦无明显情感障碍，但有脑积水，则考虑病人为正常颅压脑积水性失智；

F.如果病人的症状具有皮下特征，无明显缺血发作，无运动障碍，

---

① 谢瑞满.实用老年痴呆学［M］.上海：上海科学技术出版社，2010：113–114.

无明显情感障碍，亦无脑积水，而处于慢性意识错乱状态，则考虑病人为代谢、中毒、外伤、肿瘤、脱髓鞘或其他疾病所致失智。[①]

3.失智并不可耻

失智症，是指不同原因导致的脑细胞坏死、脑部功能恶化，并由此引发多种功能衰退并使日常生活出现障碍的状态（起码持续6个月以上），这是一种在任何人身上都有可能发生的脑部疾病。面对失智，要改变的不仅是名称，更为重要的是要改变人们的观念与态度，不单是普通民众的观念与态度要改变，更为重要是不幸罹患失智症的当事人的观念与态度也要改变。

老年失智症是指老年期出现智能在本质上表现出持续的损害，也就是由器质性脑损害导致的，基本上不可逆的智能缺失和社会适应能力降低。这里有两个亟待我们改变的旧有观念：一个是认为它是一种极少见的病，另一个是认为它是老年人的病。

第一，失智症越来越常见。随着社会发展以及老龄化时代的到来，失智症越来越为人所熟悉，且越来越普遍。如同人类疾病史上的任何一种疾病，都有一个逐渐增多并为人们所了解与接受的过程。任何疾病都有一个共同的本质，即都是生命过程中的必然现象，生病并不可耻，生何种病同样不可耻。疾病对所有人都一视同仁。因此，我们应该以同情、同理心去对待疾病及病患。

第二，失智症是长期发展的结果，并非老年时才会患上此症。随着对失智症科学研究的深入，人们发现，失智症是一个长达数十年的发展过程，各种病理改变、大脑萎缩以及神经细胞死亡等都经历一个长时间的渐进过程，我们所谓的失智症只不过是这一长期过程的显性表现。因此，它并非老龄阶段才出现的疾病。

第三，低龄化趋势表明失智症已然不再是老年人的专属，年轻人亦

---

① 陆恒，等．老年痴呆症病人家人最关心的330个问题［M］．武汉：湖北科学技术出版社，2012：34—35.

会罹患此病。像韩电影《脑海中的橡皮擦》剧中主角才20多岁便罹患失智症。实际上，除了阿尔茨海默病外还包括因为外伤、代谢异常、中毒等引起脑功能的下降。其表现主要为认知功能下降，包括理解力、判断力、记忆力及定向力等出现不同程度的改变。因此，不仅老年人会患此病，任何年龄阶段的人都可能会罹患此病。

因此，要以正常疾病观念对待失智症。人总是要生病，大脑也是人的器官，大脑生病也没有什么令人可耻的。实际上，人们对失智症的接触与熟悉大多是跟名人的相似疾病经历有关，我们可以通过名人的失智经历来关注失智症，并进而去关注与了解现实生活中、身边人群中的失智现象，学会与失智症患者相处，正确认识与坦然面对。

二、失智症的基本症状

失智症是一种进行性综合征，有其鲜明的智力与心理特征。失智症首先是智力退化，是一种器质性疾病，由脑细胞坏死直接引起的智力退化症状，这是核心症状，表现为"痴呆"，包括记忆障碍、意识障碍、理解／判断力低下、执行功能衰退等。这些核心症状导致失智症患者对自己周围的实际情况不能进行正确认知。同时，失智症又必然导致心理失常，无法维持正常心理行为，表现为"疯癫"，患者本人的既有性格、环境和人际关系等因素也会被牵扯进来，相互影响，进而引发抑郁症和妄想等精神症状，以及对日常生活适应困难等行为上的问题，这些症状就被称之为行为／心理症状。

1.核心症状

核心症状实质上指的是神经精神病学功能障碍的症状，与失智综合征的其他功能障碍表现进行比较，神经病学功能障碍的症状往往引起各种不同程度的病痛困扰。具体表现如下。

（1）记忆力障碍

记忆障碍是失智症的临床核心症征。记忆力减退常常是失智病最常见的症状，而且是一个基础性的症状，许多失智症状都表现为记忆力障碍。在早期，患者会出现近期记忆障碍，学习新事物的能力明显减退，随病情的进展，远期记忆也开始受损。具体说来，会有如下症状。

①反复问同样的问题。有些家人会发现，对同样的问题患者会一而再、再而三地发问，让人很烦恼。这种情形是患者恐惧及缺乏安全感的表现之一，因为他们已经无法理解发生过的事，甚至可能记不住刚刚过去一会儿的事，所以，他们对之前问过的问题已经没有印象了。

②反复做相同的动作。失智症患者忘记了行为的目的，因而，反复进行。比如，患者想看电视，就从卧室走到客厅，但是到了客厅后，他们却忘记了要看电视，于是又返回卧室；过了一会儿，他们又想到看电视，但走到客厅后可能又忘记了到客厅的目的，就再次返回卧室。

③忘记付款。患者到商店拿了东西却没有付款。失智症患者进入商店往往视之如自己的家居空间，全然不理会买卖与支付要求，如同一二岁的孩童。显然，这种退化是一种社会生活能力的退化。

④记不住电话号码，忘记打电话，或反复打电话给一个人问同样的事情。

⑤对话中的虚谈也是记忆力障碍的一种表现，虚谈是错误记忆的产物。通常失智症患者会把不曾发生的事或之前经历的时间和地点错置、混淆，当成是今天或刚刚发生的事。患者无法分辨哪些内容是正确的，因而虽然讲起来像是有那么一回事，但通常都是不实的。①

人类大脑中有一种器官，类似海马，被称为"海葵"，它在人通过眼

---

① 海南普亲老龄产业发展研究院.正确认识失智症［M］.北京：中国社会出版社，2014：2.

睛和耳朵捕捉到的众多信息中，对自己关心的部分进行筛选。此外，大脑中还有一个"记忆罐子"，用来长期储存重要信息。一旦筛选的信息进入这个"记忆罐子"，即使平时想不起来，但到必要的时候还是能将有用的信息较好地读取出来。

　　然而，随着人们年龄的增长，"海葵"的功能也会逐渐衰弱，变得无法一次性捕捉住许多信息放置在脑中；而且即便捕捉到了一些信息，但要把有用的信息储存进"记忆罐子"，也会变得十分困难。更要命的是，老年人还时常无法从"记忆罐子"中读取有效的信息。人们常说，上了年纪，记忆力就变得越来越差了，这也就是为什么高龄老者"一时想不起来"的情况会越来越频繁出现的原因。当然，因为海葵用于捕捉信息的"手"依然能发挥一定作用，在两次、甚至多次重复记忆后，一些重要的信息还是会被收纳进"记忆罐子"里。

　　麻烦就在于，一旦得了失智症，海葵之"手"就会发生病变，功能衰弱，"记忆罐子"也因此无法再收纳信息。不仅不能记忆新的信息，就连刚听到的事情也会一时想不起来。随着病情的发展，"记忆罐子"还会渐渐弱化，原本存在其中的记忆也跟着渐渐消失了。[1]

　　（2）定向力障碍

　　所谓定向力，是指对于时间、地点这一类基本情况的认知与把握的能力。定向力障碍也是失智症者最早出现的症状。

　　①其初期症状是从对时间和季节的感知度日渐弱化开始。对时间的认知逐渐弱化，如长时间地等待；无法对原来计划好的事情或可预估发生的情况进行准备；外出时，尽管多次叮嘱，还是不能按时做好出门的准备。

　　随着病情的进一步发展，患者对日期、季节、年份的认知也变得困难。比如，反复询问日期，穿着与季节不符的服装，甚至连自己的年龄也记不清楚了。如果病情再继续发展，患者会迷路，甚至独自步行至较

---

　　[1]　海南普亲老龄产业发展研究院.正确认识失智症［M］.北京：中国社会出版社，2014：3-4.

远的地方。

这段时期，失智症患者虽然方向感变得很弱，但患者会把沿途的景物当成认路的标记，所以并不会搞错行走的方向。但是，当天色昏暗后，周围景物变得模糊时，患者便会迷路不知返回。

②如果病情进一步恶化，患者在居住地附近也会出现迷路的情况。到了夜晚，甚至会连家中的厕所都无法找到。另外，对于那些步行根本到达不了的地方，他们也会企图迈开脚步独自离家至较远的地方。比如，住在城市儿子家里或后来居住的城市，患病后总嚷嚷着"我要回老家"，老家可能根本就不存在了。

③人际关系的定向力出现严重障碍。失智症患者如果失去了过去所获得的记忆，那么有关自己的年龄和周围人的生死等记忆也就会全部消失。这时候，患者就会分不清自己与周围人的关系。比如80岁的老人，失去了30岁以后的记忆，就会对50岁的女儿喊"姐姐"或者"婶婶"，家庭成员关系在患者的脑中变得十分混乱。

此外，有些患者会担心实际上早已不在人世的母亲，并试图步行回到相距甚远的老家去探望她。

一项历时5年的国际研究显示，有40%的社区老年失智症患者发生过走失，并需要第三方来帮助他们安全回家。在中国台湾，约71%的轻重度老年失智症患者发生过走失行为。中国大陆地区的研究者对这一行为的报告较少，仅限于对一些精神疾病患者的观察性研究，但据权威专家保守估计，中国近年来每年走失的老年人不低于30万名。[①]

（3）理解/判断力障碍

出现失智症后，在理解/判断力方面也会出现障碍，一些看似简单的思考，对他们而言变得越发困难。这种情况会挑战援助者的耐心。

①思考速度变得迟缓。失智症患者一般会需要花费很长的时间才能获得自己思考的结论，这就是俗话说的"脑袋不灵光"，这时候，重要的

---

① 钱炜.中国阿尔茨海默病大调查——老龄化社会的恐怖袭击（上）[DB/OL].中国新闻周刊.http://www.360doc.com/content/16/0419/22/1194775_552144330.shtml.

是不要着急去催促他们。

②无法妥善处理两个以上的复合问题。失智症患者能够一次性处理的信息量的减少，心里明明想着要对事情进行确认，却还对该事情做冗长的说明，事情一多，大脑里就会一片混乱。这时，关键是失智症患者要将话语简洁明了地表达出来。

③细小的变化，不同寻常的变故，容易招致混乱。生活中，一些很小的变化，或是不同往常的变故，比如亲人住院了，也会引发患者生活巨大的混乱。当意料之外的事情发生时，援助者一定要给予患者保护和陪伴，帮助他们渡过难关，让他们的日常生活能够继续下去。

④无法将观念与现实具体结合。患者会出现这样的状况：一边说着"勤俭节约最重要"，一边还是上了销售员花言巧语的当，购买多个昂贵物品。不仅如此，因为失智症患者不能对肉眼看不到的机器结构进行自主理解，就会在自动贩卖机、地铁自动检票口、银行自动提款机前不知所措；在家里，他们也无法从容使用全自动洗衣机和看不见有火焰的电炊具。[1]

（4）执行功能障碍

执行功能指有机体对思想和行动进行有意识控制的心理过程，包括计划、决策、判断和自我觉知（self perception）的能力。执行功能障碍表现为计划、概念形成、抽象思维、决策、认知灵活性、利用反馈、按时间先后对事件排序和对动作的监控等方面的困难，起因可能是由于前额叶皮层损伤，也可能是由于其他疾病因素。

①无法制订计划、安排事务。健康状况良好的人会制订计划，并对意料之外的事情做出妥善预估和安排，能够顺利地处理好各项事情。但对于失智症患者而言，因为无法制订计划，更无法应对突发的变故，所以日常生活也就不能从容地进行。

例如在超市看见西红柿，常人会想到把西红柿和家里冰箱中的鸡蛋

---

[1] 海南普亲老龄产业发展研究院.正确认识失智症［M］.北京：中国社会出版社，2014：6-7.

一起做成西红柿炒鸡蛋等。但失智症患者会完全忘记冰箱里已有鸡蛋，仍会把西红柿和鸡蛋一起买回家。

然而，之后在着手准备晚餐时，患者又会把刚买的西红柿和鸡蛋忘得一干二净，打开冰箱用别的蔬菜做菜。这样的情况多次发生后，冰箱里就会堆积许多相同的食材。对于失智症患者来说，在煮饭时还要做菜，是一个很棘手的难题。

②需要旁人指导才能做好事情。事实上，失智症患者也并不是"什么都不会做"，虽然他们不能熟练地边想菜单边做饭，但是如果有人在身边注意观察，并适当指点、安排的话，他们也能一步一步地按照指点，出色地做好一顿饭菜。比如，做菜时简短地提醒患者一句，"今天的汤是用西红柿和鸡蛋哦"，患者就不会把西红柿和鸡蛋又放回冰箱了。如果有人能够提醒他们"电饭锅的开关差不多该关了吧"，患者也能像以前一样顺利地做好饭菜。

如果身边有合格的援助者，失智症患者也可以出色地完成很多事情。但需要指出的是，援助失智症患者需要毅力，并且比较吃力，援助者需要有足够的心理准备才行。①

（5）其他症状，如情感表达的变化

失智症患者表现出难以理解周围的状况。通常情况下，人们在表达自己情感的时候，是能对周围的反应做出想象的。这是因为我们对从小到大形成的文化、环境、周围人的个性都有所了解，并进行记忆的缘故，而且如果对方是我们所熟悉的人，我们还能够准确预测到他们的反应和下一步的举动。

但失智症患者有时会表现出令周围人无法预料、意想不到的情感反应。这是因为失智症会造成记忆障碍、定向力障碍、理解/判断力障碍等，使他们在面对周围的刺激和信息时，无法作出正确的判断和解释。

比如说，如果有人不明底细，对失智症患者说了"太荒唐了"之类

---

① 海南普亲老龄产业发展研究院.正确认识失智症［M］.北京：中国社会出版社，2014：7-8.

的话，患者就会因理解障碍方面的问题，而认为对方是在骂自己愚蠢，于是就对说话的人大发雷霆，令对方大为吃惊。其实这很正常，只要稍微了解失智症知识，就能理解患者的过激反应和行为方式。对患者本人来说，这样的情感表达再自然不过，没有什么不妥。[①]

2.行为/心理症状

精神行为问题往往表现出来激越症状，它令失智症患者往往会因其激越的行为感到明显不安或病痛困扰；有精神障碍的失智症患者容易感到害怕，尤其对偷窃和跟踪充满恐惧；有抑郁症状的失智症患者容易感到沮丧，往往自觉无价值感、无用感以及无望感；有焦虑症状的失智症患者容易感到不舒服、休息不好以及对前景充满不好的预感。具体表现如下。

（1）变得没有信心，心情抑郁

失智症患者在初期会表现出抑郁的症状。关于导致抑郁的原因，可能由于"患者感觉到了自己容易忘事等认知功能的下降，从而变得对未来悲观的状态"；也可能是由于"患者提不起精神和干劲，导致了自身脑细胞死亡的结果"。

①失去自信，觉得一切都很麻烦。出现失智症状后，患者不再像以前那样对周围事物感兴趣，而是漠不关心。以前能做得很利索的家务，现在做起来也手忙脚乱，浪费时间不说，还做不好。即使费尽力气做顿饭菜，也会因为家人说"和以前的味道不一样了"，从而失去做饭的信心，不但客人来了不做饭招待，改为外出就餐，就连平常一日三餐也都用成品菜凑合了。

同样，对家里的卫生清理工作也失去了兴趣，不想打扫和收拾，家里乱七八糟的，重要的东西也都不知道被放到了哪里。

总之，患者会觉得一切都很麻烦，就连以前很愿意干的事情，现在

---

① 海南普亲老龄产业发展研究院.正确认识失智症［M］.北京：中国社会出版社，2014：8–9.

也大多提不起兴趣。

②失去希望，从而陷入抑郁状态中。由于失智症患者初期会表现出热情和精力的衰减，这很容易令患者失去对未来的希望，最后陷入抑郁状态。

（2）日常生活自理出现障碍①

以排泄失败为例。失智症进一步发展的话，洗澡、更衣、进食、排泄等基本生活也必须有人护理。排泄失败对于患者来说也是一件十分吃惊和尴尬的事情。所以，作为照护者，应尽可能地做到平静面对，不要伤害患者自尊心。要知道，排泄失败的原因并不简单。

①找不到厕所的位置。由于场所定向力障碍方面的原因，患者开始是在夜间找不到厕所；症状严重后，就连白天也会找不到厕所。

②穿脱衣服很吃力，不小心在排泄时弄脏衣服。脑血管型失智导致的运动障碍，阿尔茨海默型失智症导致更衣困难等，都会让患者穿脱衣裤吃力，从而导致排泄困难。

③不到十分急的时候，感觉不到尿意和便意。高龄患者大多数大脑反应能力急剧衰退，感觉迟钝，有时候根本感觉不到尿意与便意，难免会发生大小便失禁情况。

④完全失去排尿与排便意识。随着病情的发展，也会出现完全丧失尿意与便意的情况。

（3）令周围人疲惫不堪的妄想症②

①从藏物遗忘到被盗妄想。如何理解幻觉、妄想、抑郁、夜间幻觉等精神症状？有些失智症患者会认为自己找不到的东西是被偷走了。这里就以这种被盗妄想症为例来阐述这个问题。

整理物品之后，患者忘记自己当时把重要的东西归置到了哪里，医

---

① 海南普亲老龄产业发展研究院 . 正确认识失智症［M］. 北京：中国社会出版社，2014：11-12。

② 海南普亲老龄产业发展研究院 . 正确认识失智症［M］. 北京：中国社会出版社，2014：12-14.

学上称之为藏物遗忘。这是大多数失智症患者都会发生的核心症状。

整理物品时，不把东西放到平时经常放置的地方，而是随手放在了别的地方，事后又完全忘了，不知东西放在何处，如出现找不到存折、户口本等重要物品的情况。患者如果以前是不愿意依靠他人、独立生活意识强的人，这时就会无法接受自己将物品存放位置遗忘的事实，而执拗地认为并不是自己忘记了物品放置的位置，而总是想象这些物品被身边的人偷走了。这会令照顾者十分难堪，甚至导致护理人因被冤枉而被迫离开。

②被盗妄想症有可能发展成更加复杂的妄想病症。当容易幻想的患者承受了一切的压力时，就会从单纯的被盗妄想发展成"儿媳妇在觊觎家里的财产""是要夺走我的财产"之类的重度妄想。当然，这样的情况很大程度上与患者本人既有的易妄想人格有关。对此适当的服用治疗妄想症的抗精神病药物也会有很好的效果。

路易氏体型、血管型失智或阿尔茨海默病的失智患者，到了中、重度时，产生幻觉的概率相当大，尤其是路易氏体型的患者，发生幻觉的情况特别普遍且严重。失智症患者的幻觉与精神病患者的幻觉有些不同，精神病患者是以听幻觉为主，但失智症患者则以视幻觉为主。其幻觉内容广泛，可能包括熟人、已逝亲人、陌生人、小孩、动物、昆虫、蛇等。

已到就寝时间，但妈妈坐在床头就是不肯躺下睡觉，眼睛还一直往床尾方向望去。儿子进来提醒她该睡了，她说："为什么那些小孩一直在我床上玩？他们是谁？你赶快叫他们回家，不然我不能睡觉。"儿子听了心里直发毛，因为房间里除了他和妈妈，没有任何人。

颜妈妈进入电梯，看到镜中自己的影像，就说："你也来这里啊？"平常吃饭时，会招呼镜中的自己一起来吃饭。另一位失智的唐妈妈则是非常愤怒地对镜中的自己说："赶快闪一边去，不要挡住我的路。"①

---

① 邱铭章，汤丽玉.失智症照护指南［M］.北京：华夏出版社，2016：86–87.

三、失智症的发展阶段[①]

了解失智症的发展阶段，有利于我们早做准备，特别是从物质、人力与精神上的安排，不至于因为失智症的发展而陷入被动。

一般而言，失智症经历三个时期：轻度失智、中度失智和重度失智。有些研究者还将每个阶段再分为更细的两个阶段。

1.轻度失智阶段

患者在疾病初期表现出记忆减退、活动力和自主能动性差、空间感觉差、处理日常家务的时间延长等症状。记不住所有事情发生的顺序，注意力不长久，缺乏专注力。

患者可能具有短期记忆损害、词汇表达困难症状；视觉空间技能损害，例如，有时不能分辨所处的时间、地点；执行功能损害（不会计算及付账），社会活动减少；抑郁，性格与处事方式与从前相比发生较明显变化。用通俗语言表达，这一阶段总体特征就是"好忘事"。

具体可从14项来描述：

第一，遗忘：A.常忘了东西放在哪里；B.时常在找东西；C.忘记跟别人之间的约会；D.忘记别人跟他讲过的事情；E.不能记住最近发生的事情；F.弄不清楚现在的具体日期。

第二，个性：A.变得犹豫不决，对事情难以下决定；B.变得多疑、猜忌；C.变得胆小、内向；D.变得孤僻、暴躁、爱发脾气。

第三，生活障碍：A.做不好相对复杂一点的事情，如钱物管理出错、

---

① 胡维勤.失智症老人家庭照护枕边书［M］.广州：广东科技出版社，2017：4-9.

烹饪能力下降等；B.对器具的使用能力下降。如时常打错电话等；C.判断力和工作能力逐渐减退。

第四，言语表达：A.言语表达出现困难，讲话不如以前流利；B.想不起要讲什么或想不起来某件物体的名称。

第五，饮食问题：A.吃过了之后还要再吃东西；B.进食的时候可能需要别人协助。

第六，漫游或躁动：A.坐立不安，不停走动；B.想要离开家里到外面去。

第七，不恰当行为：A.重复动作，例如不断地把东西收进柜子又拿出来等；B.同样的问题重复问多遍。

第八，迷路：A.在不常去的地方会迷路；B.搭乘公共汽车、地铁等公共交通工具会下错站。

第九，行为能力：A.变得不爱出门；B.对之前从事的活动显得毫无兴趣。

第十，妄想：A.怀疑配偶不忠；B.忧心会被家人遗弃；C.初期迫害妄想，认为邻居会伤害他或偷他东西。

第十一，视幻觉：有时会看到房间里有人，可能是熟识者、已死去家属或不认识的人。有时会看到昆虫、蛇等令人感到不愉快的东西。

第十二，误认：在光线照明不佳、阴雨或夜间容易发生误认现象。

第十三，睡眠障碍：日夜颠倒，夜间起来游走或从事其他活动。

第十四，穿衣及个人卫生问题：在选择衣服上显得犹豫不决。

2.中度失智阶段

轻度与中度的分水岭在生活能力方面，能否从事简单的日常生活。比如，洗衣、做饭等。

在第二阶段，患者虽然仍可以独立地完成任务，但无法同时进行两件事情，复杂任务需要帮助，日常生活能力受到影响。语言、运动能力损害，近期记忆力损害加重，出现长期记忆损害，有兴奋和挑战行为，对客观物体辩认、家庭成员和较好朋友的辨识困惑，易重复同样的动作和话语，夜间活动增加。这一阶段的总体特征用通俗语言表示就是"混乱期"，即秩序与逻辑渐逝。无法应对生活中的复杂性、多样性，以及时间持续性事项，逻辑能力严重损害，无法呈现清晰的条理。因而，在症状上便表现为紊乱与混乱。

具体可从如下15项来描述：

第一，遗忘：A.忘记曾经发生过的事情，如是否吃过饭、洗过澡；B.重复问同样的问题；C.对于辩认人、认识环境和区分时间等更加困难；D.远期和近期的记忆减退，日趋严重。

第二，误认：A.时空错乱，分不清早晨与黄昏，以及季节；B.误认为自己的家人或配偶是别人伪装的，因而想赶走照顾他的家人或配偶；C.以为目前所处的环境并非自己的家，常会吵着我要回家。

第三，个性：A.变得犹豫不决，对事情难以下决定；B.变得多疑、猜忌；C.变得胆小、内向；D.因对事情和语言的理解力、情绪控制力薄弱更容易发脾气；E.常常与家人或照护者发冲突。

第四，妄想：A.怀疑配偶不忠，频度较高；B.忧心会被家人遗弃，频度较高；C.被迫害妄想，认为邻居会伤害他或偷他的东西，频度较高；D.容易因妄想引发语言与肢体上的暴力。

第五，穿衣及个人卫生问题：A.个人清洁卫生处理能力变差，如上厕所、洗澡等需要他人协助；B.无法适当穿衣或处理衣物，例如天气很冷时只穿一件短袖，脏衣服当干净衣服穿等；C.可能偶有失禁情形。

第六，语言表达：A.说话字句变少，内容贫乏；B.言语表达不连贯，缺乏逻辑性；C.慢慢失去阅读及语言能力。

第七，迷路：A.在住家附近或熟悉的地方也会走失；B.搞不清楚方向，无法自己出门搭乘车，容易迷路。

第八，不恰当行为：A.乱藏东西，把一些没用的东西甚至垃圾藏起来，或者把拖鞋藏在绵被里等；B.可能因为妄想的内容或照护者不恰当的回应被激怒，产生言语恐吓，甚至暴力行为；C.缺乏判断力与理解力，在公共场所出现不适当的举动。

第九，漫游或躁动：A.坐立不安，不停走动，严重度较高，受阻时容易发生冲突；B.想要离开家到外面去，严重程度较高，受阻时易发生冲突。躁动症发作或因身体某部位不适苦于无法表达。

第十，饮食问题：A.无法备餐，需他人协助；B.饮食不正常，重复进食情形较严重。

第十一，生活障碍：A.很难独自完成煮饭、清洁、购物等；B.失去使用日常家电的能力，如洗衣机、空调、电视遥控器等。

第十二，情绪转变：情绪起伏比以前更大，部分患者还可能会有比较激动的行为，胡思乱想，突然发怒、大哭大叫等。

第十三，视幻觉：经常看到房间里有人，可能是熟识者、已经死去的家人或不认识的人，有时会看到昆虫、蛇等令人不愉快的东西，可引起继发性妄想。

第十四，睡眠障碍：日夜颠倒，可能整夜不睡，白天嗜睡。

第十五，行动能力：无法顺利出门到达目的地，甚至在家中开始找不到厕所、自己的卧室。渐渐忘记了如何正常走路，甚至退化到连转身、回头都不会。

3.重度失智阶段

患者体重减轻，难以与人交流，记忆丧失，定向力丧失，不认识家庭成员，语言及词汇表达能力丧失，日常生活基本能力丧失。抓握物品及吞咽困难，大小便失禁，卧床不起，常因感染肺炎及其他疾病而死亡。无法感觉与表达身体的不适与中期的混乱与动荡相较，此阶段相对安静，患者的生命力渐逐削弱，完全退化到婴儿期状态。

具体可从如下14项描述：

第一，遗忘：A.忘记身旁熟悉的人、事、物，甚至包括一些长期记忆；B.记忆严重丧失，不记得生命中重要的事情；C.可能连自己是谁都不知道。

第二，误认：A.现实感消失，例如，把电视里播放的戏剧误认为是真实的情景，甚至会去攻击电视机；B.看到镜子、反光物、窗户中自己的倒影，会误认为是别人，与之对话。

第三，情绪转变：A.可能会因无法表达或听不懂意思而生气；B.情绪表达困难。

第四，言语表达：A.几乎不说话或只重复某句固定的话；B.语言能力下降，说话无法理解或不相关，无法与他人应对。

第五，饮食问题：A.无法自己进食；B.拒绝饮食；C.可能会有吞咽困难。

第六，穿衣及个人卫生问题：A.大小便失禁；B.穿衣无法自理。

第七，行动能力：A.行走困难；B.需借助轮椅，甚至卧床不起；C.无法坐立、站立。进入重度期之后，长期卧床不起现象非常普遍。

第八，不恰当行为：完全依赖他人，没有不恰当的行为反应。

第九，个性：变得更为依赖他人，认知、记忆功能持续退化，个性表达不明显。

第十，睡眠障碍：日夜节律紊乱，白天睡眠次数时间更长。经常打盹，睡眠能力与清醒能力退化。

第十一，漫游或躁动：肢体功能减退，容易跌倒，发生意外。

第十二，生活障碍：完全无法独立生活，失去自我照顾能力。生活自理能力荡然无存。

第十三，妄想：无法表达或无此反应。

第十四，视幻觉：无法表达或无此反应。

四、失智症的常见测评工具

失智与失能是相伴随的两项基本症状，失智必定导致失能，实际上，自失智开始，失能亦相伴随，与此同时，失智必然导致行为/心理变化并走向失常。因此，失智症的测评包括对失智、失能及精神/行为问题三个方面。本书所涉及的测评尽可能易于理解，并且可以尝试着去实施，当然，咨询专业人士进行测评自然更加可靠。

了解测评，其实就是要告诉我们，应该以科学精神面对失智症，失智症虽不可控但可知，并且尽可能准确地认知，不能够如传统对待失智症那样模糊处理与对待。或许，当我们能够精确地认识和对待失智症时，我们的努力所达到的效果会更好，我们对待我们亲友的病情便会摆脱那种束手无策的无奈处境。因此，了解与掌握适当的失智症的测评工具，是一件非常有意义的事情。

失智是由大脑功能障碍引起的获得性、持续性的智能障碍综合征。临床表现为不同程度的记忆、语言，视空间功能受损，人格异常及认知（概括、计算、判断、综合和解决问题）能力的降低，患者常伴随有行为和情感的异常，这些功能障碍达到影响职业、社会功能或日常生活能力的程度。失智综合征的评估主要包括以下三个方面：失智程度的评估，日常生活能力的评估，精神行为、心理问题的评估。在一本大陆目前出版的最为系统的介绍失智症照护的书《失智症护师》中，关于失智症评估的工具有几十种之多。本书介绍几种简易的测评方法。

1.有关失智程度的测评

评估的目的旨在鉴别正常的与年龄相关的认知功能下降和与疾病（如失智、躁狂、抑郁）相关的认知功能下降。其意义不仅可以确认是否有认知功能受损，还可以判断受损的严重程度，确定其严重程度有助于确定其治疗方案及护理方案。

认知功能测评是诊断失智与否的第一步，具有失智高风险的人群，如主观感觉记忆障碍的人和有早发或晚发抑郁史的人，都应该接受认知功能测评。建立和选择合适的老年认知功能评测表是各国专家学者们需要解决的问题，一个理想的认知功能测评工具应简明易行，不受教育、文化、语言等复杂因素的影响，应覆盖较广泛的认知领域。由于老年人的耐受性差，可供检查的时间有限，不能面面俱到，所以编制用时短、完成率高、信度与效度俱佳的测验工具实属不易。本书主要介绍三种。

（1）简易精神状态检查①（mini-mental state examination，MMSE）

MMSE于1975年面世，是经典的失智症筛查工具之一，也是评价其他量表时最常用的参照。MMSE是老年人认知能力的初步智能评估工具而非诊断工具，也正适合本书的面向普通民众的宗旨。该量表主要包括5个方面：A.方向定位能力；B.反应能力；C.注意力和计算能力；D.回忆能力以及语言、理解；E.自我协调能力。

MMSE测验包括5个认知领域共30分的内容，需用时10~15分钟，正适合老年人的耐性特征。

检查的功能项目	序号	评估项目	评分方法
时间定向力	1	今年是哪一年	答对1分，答错或拒答不给分
	2	现在是什么季节	同上
	3	现在是几月份	同上
	4	今天是几号	同上
	5	今天是星期几	同上
地点定向力	6	这是什么城市	同上
	7	这是什么区（城区名）	同上
	8	这是什么医院（或者胡同名）	同上
	9	这里是几楼	同上
	10	这是什么地方（地址，门牌号）	同上

① 北京老年痴呆防治协会，阿尔茨默病防治协会，国际老年痴呆协会中国委员会.失智老人照护师［M］.北京：北京出版社，2017：23-26.

续表

检查的功能项目	序号	评估项目	评分方法
记忆力		现在我告诉你三种东西名称，我说完后请您重复一遍。请您记住这三种东西：树木、钟表和汽车，过一会儿我还要问您（请说清楚，每样东西1秒钟）	
	11	复述：树木	同一
	12	复述：钟表	同上
	13	复述：汽车	同上
注意力和计算力		现在请你算一算，从100中减去7，然后从所得的数算下去，请您将每减一个7后的答案告诉我，直到我说"停"为止	
	14	计算：100-7= ？	答93给1分。否则为0分
	15	93-7= ？	答86给1分，否则为0分
	16	86-7= ？	答79给1分，否则为0分
	17	79-7= ？	答72给1分，否则为0分
	18	72-7= ？	答65给1分，否则为0分
		如前一项计算错误，但在错误处数基础上减7正确者仍然给相应得分	
回忆力		现在请你说出刚才我让您记住的是哪三种东西	
	19	回忆：树木	答对1分，答错或拒答0分
	20	回忆：钟表	答对1分，答错或拒答0分
	21	回忆：汽车	答对1分，答错或拒答0分
语言能力	22	出示手表问受试者这是什么	同上
	23	出示铅笔问受试者这是什么	同上
	24	请您跟我说"四十四只石狮子"	能正确说出1分，否则0分
	25	给受试者一张卡片，上面写着"请闭上您的眼睛"，请您念一念这句话，并按上面的意思去做	能正确说出并能做到1分；不能正确说出，也不能做到0分
		我给您一张纸，请您按我说的去做。现在开始，用右手拿着这张纸，用两只手把它对折起来，然后将它放在您的左腿上	
	26	用右手拿着这张纸	正确给1分，错误给0分
	27	用两只手将纸对折	能对折1分，不能为0分

续表

检查的功能项目	序号	评估项目	评分方法
语言能力	28	将纸放在左腿上	放对给1分，否则为0分
	29	请您写一个完整的句子	正确写出1分，否则0分
	30	请您照着下面的图案的样子把它画下来	正常为1分，错误为0分

评分分析：总分范围0~30分，正常与不正常的分界值视受测者的受教育程度而定：文盲组（未受教育）≤17分，小学组（受教育年限≤6年）≤20分，中学及以上学历组（受教育年限＞6年）≤24分。分界值以下为有认知能力缺陷，以上为正常；13~23分为轻度失智，5~12分为中度失智，＜5分为重度失智。

（2）长谷川失智量表[①]（Hastgawa dementia scale，HDS）

1974年，由日本学者长谷川制定，至今和MMSE等共同为世界上使用最广泛的老年失智症筛查工具。HDS总计11项，其中包括定向力（2题）、记忆功能（4题）、常识（2题）、计算（1题）、物体命名回忆（2题）：

第一，今天是几月、几日、星期几。评分：0；3。

第二，这是什么地方，评分：0；2.5。

第三，你多大年龄，评分：0；2。

第四，最近发生的事，如早饭吃什么，评分：0；2.5。

---

① 北京老年痴呆防治协会，阿尔茨默病防治协会，国际老年痴呆协会中国委员会．失智老人照护师［M］．北京：北京出版社，2017：23-27．

第五，你是什么地方出生的，评分：0；2。

第六，中华人民共和国何时成立（年月日），评分：0；3.5。

第七，一年有多少天（或一天有多少小时），评分：0；2.5。

第八，中华人民共和国总理是谁，评分：0；3。

第九，100-7=？ 93-7=？评分：0；2；4。

第十，倒说数字6，8，2和3，5，2，9，评分：0；2；4

第十一，5个物品（如硬币、钥匙、手机、手表、笔、矿泉水、扑克牌、手电筒），让其一个个看过后，收起，问：都有些什么东西。评分：0；0.5；1.5；2.5；3.5。

评分标准：条目9、10正确一次得2分；条目11回忆出5种东西得3.5分，4种东西得2.5分，3种东西得1.5分，2种东西得0.5分，只回忆1种或回忆不出不得分。满分32.5分，总分≥30分属智能正常，20~29.5分为轻度智能低下，10~19.5分为中度智能低下，≤10分为重度智能低下，总分＜15分者可诊断为痴呆。

（3）简明认知评估量表[①]（Mini Cog）

简明认知评估量表由CDT（画钟测验）和三个回忆条目组合而成，用于弥补CDT筛查认知障碍时敏感度和预测稳定性的不足，可区分失智人群和非失智人群。Mini Cog只需一名医师来完成，用时3分钟，常用于急诊的筛查。

评估内容：

A.请受试者仔细听并记住3个不相关的词，然后重复

B.请受试者在一张空白纸上画出钟的外形，标好时钟数字，给受试者一个时间让其在时钟上标出来

CDT正确：能正确标明时钟数字位置和顺序，正确显示所给定的时间

C.请受试者说出先前所给的3个词

---

① 北京老年痴呆防治协会，阿尔茨默病防治协会，国际老年痴呆协会中国委员会.失智老人照护师［M］.北京：北京出版社，2017：29-30.

能记住一个给1分

评估建议：0分：3个词一个也记不住，定为失智

1~2分：能记住3个词中的1~2个词，CDT正确，认知功能正常；CDT不正确，认知功能缺损

3分：能记住3个词，不定为失智

2.日常生活能力的测评

个体的日常生活能力（activities of daily living，ADL）受年龄、视力、运动功能、疾病因素、情绪因素等的影响，所以对老年人ADL的评估应结合生理、心理和社会健康方面全面进行。ADL的评估内容包括基本日常生活能力、工具性日常生活能力和综合性日常生活活动能力三个层次。ADL评估对失智老人非常重要，它是确立失智诊断、评价失智严重程度，提供失智治疗和护理方案的前提。

（1）基本日常生活活动能力[①]（basic activities of daily living，ADL）

这是个人为维持基本生活所需要的自我照顾能力和最基本的自理能力，是老年人每天必需的从事日常生活活动的能力。日常生活活动能力评估不仅是评估老年人功能状态的指标，也是评估老年人是否需要补偿服务的指标。

基本日常生活活动能力评估量表有好几种，这里介绍Barthel（Barthel Index，BI），这是上世纪50年代中期，由Florence Marhoney 和Porathea Barthel设计的Maryland残疾指数的量表，并应用于临床。BI广泛应用于日常生活活动能力评价，有很高的信度和效度。每个项目根据是否需要帮助及其帮助程度分为0，5，10，15四个等级，总分为100分。得分越高，独立性越好，依赖性越小。

---

① 北京老年痴呆防治协会，阿尔茨默病防治协会，国际老年痴呆协会中国委员会.失智老人照护师［M］.北京：北京出版社，2017：47–48.

序号	项目	填表说明	评分	得分
1	大便（排便）	指1周内情况 偶尔=1周1次	0：失禁 5：偶尔失禁 10：能控制	
2	小便（排尿）	指24~48小时情况 "偶尔"指＜1次/天，插尿管的患者能独立管理尿管也给10分	0：失禁 5：偶尔失禁 10：能控制	
3	修饰	指24~48小时情况，由看护者提供工具也给5分，如挤好牙膏，准备好水等	0：需要帮助 5：独立洗脸、刷牙、剃须	
4	如厕	应能自己到厕所及离开 5分指能做某些事	0：依赖别人 5：需部分帮助 10：自理	
5	吃饭	能吃任何正常饮食（不仅是：软食），食物可由其他人做或端来 5分指别人夹好菜后患者自己吃	0：依赖别人 5：需部分帮助（夹菜、盛饭） 10：全面自理	
6	移动	指从床到椅子然后回来；0分=坐不稳，需两人搀扶 5分=1个强壮的人/熟练的人/2个人帮助，能站立	0：完全依赖，不能坐 5：需大时帮助（2人），能坐 10：需小量帮助（1人）或指导 15：自理	
7	活动（步行）	指在院内、室内活动，可以借助辅助工具 如果用轮椅，必须能拐弯或自行出门而不需帮助 10分=1个未经训练的人帮助，包括监督或帮助	0：不能动 5：在轮椅上独立活动 10：需1人帮助步行（体力或语言指导） 15：独自步行（可用辅助工具）	
8	穿衣	5分=需别人帮助系扣，拉拉链等，伸患者能独立披上外套 应能穿任何衣服	0：依赖 5：需部分帮助 10：自理（系和解开纽扣、拉拉链、穿鞋等）	
9	上楼梯	10分=可独立借助辅助工具上楼	0：不能 5：需帮助（体力或语言指导） 10：自理	
10	洗澡	5分=必须能不看着进出浴室，自己擦洗；淋浴不需帮助或监督，独立完成	0：依赖 5：自理	

ADL的能力缺陷程度：0~20分为极严重功能缺陷；25~45分为严重功能缺陷；50~70分为中度功能缺陷；75~95分为轻度功能缺陷；100分为ADL能自理。

（2）工具性日常生活活动能力①

工具性日常生活活动能力（instrumental activities of daily living，IADL）是指在寓所内进行自我护理活动的能力，包括购物、家庭清洁和整理、使用电话、做饭、洗衣和旅游等。这一层的能力评估提示老年人是否能独立生活并具备良好的日常活动能力。

社会功能活动问卷（FAQ）是由Lawton等于1969年提出的，是一种工具性日常生活活动功能评估量表。FAQ是评定患者在家庭和社区的独立能力的量表，其信度、效度已经过验证。该表总分30分，分值≥9分为存在社会活动功能障碍。

序号	调查内容	评价选项				得分
		正常或从未做过，但能做	有困难但能做或从未做过	需人帮助	完全依赖他人	
1	每月平衡收支的能力，算账的能力	0	1	2	3	
2	患者之工作能力，能否写出简单记录	0	1	2	3	
3	能否到商店买衣服杂货和家庭用品	0	1	2	3	
4	有没有爱好，会不会下棋或打扑克	0	1	2	3	
5	会不会做简单的家务，如点炉子、泡茶	0	1	2	3	
6	会不会准备晚饭	0	1	2	3	
7	能否了解近来发生的事	0	1	2	3	

---

① 北京老年痴呆防治协会，阿尔茨海默病防治协会，国际老年痴呆协会中国委员会. 失智老人照护师［M］.北京：北京出版社，2017：50.

续表

序号	调查内容	评价选项				得分
		正常或从未做过，但能做	有困难但能做或从未做过	需人帮助	完全依赖他人	
8	能否参加讨论和了解电视、书、杂志	0	1	2	3	
9	能否记住约会时间、家庭节日、吃药等	0	1	2	3	
10	能否拜访邻居，自己乘坐公共汽车等	0	1	2	3	

（3）综合性日常生活活动能力[①]

综合性日常生活活动能力（advanced activities of daily living，AADL）是反映老年人的智能能动性和社会角色功能的能力，主要包括社会交往、娱乐活动、职业等，是反映老年人整体健康状况的重要指标之一。

AADL评估可采用老年日常生活能力评估量表。是将ADL和IADL进行合并，共20项。得分评价：75岁以下，总分≥23分，提示为失智；75岁以上，总分≥25分提示为失智。

序号	评估项目	评分				得分
		自己完全可以做	有些困难但自己尚能完成	需要帮助	根本无法做	
1	乘坐公共车辆	1	2	3	4	
2	步行外出到附近的地方	1	2	3	4	
3	做饭（包括生火）	1	2	3	4	
4	做家务	1	2	3	4	
5	吃药	1	2	3	4	

---

① 北京老年痴呆防治协会，阿尔茨默病防治协会，国际老年痴呆协会中国委员会. 失智老人照护师［M］. 北京：北京出版社，2017：54-55.

续表

序号	评估项目	评分				得分
		自己完全可以做	有些困难但自己尚能完成	需要帮助	根本无法做	
6	吃饭	1	2	3	4	
7	穿、脱衣服	1	2	3	4	
8	梳头、刷牙	1	2	3	4	
9	洗衣	1	2	3	4	
10	室内行走	1	2	3	4	
11	上下楼梯	1	2	3	4	
12	上下床、坐下或站起	1	2	3	4	
13	提水煮饭、洗澡	1	2	3	4	
14	沐浴（水已放好）	1	2	3	4	
15	剪指甲	1	2	3	4	
16	购物	1	2	3	4	
17	走着上厕所	1	2	3	4	
18	打电话	1	2	3	4	
19	处理自己的财务	1	2	3	4	
20	独自在家	1	2	3	4	

（4）失能的六项标准

按照国际通行标准，在吃饭、穿衣、上下床、洗澡、上厕所、控制大小便六项指标中，其中只要有一项独立完成有困难的，即定义为"部分失能"；其中任何一项都无法独立完成的则定义为"完全失能"，全部都能独立完成的定义为"完全自理"。对于不能完全自理的老年人，其中有一到两项有困难需要帮助或无法完成即判定为"轻度失能"，三到四项为"中度失能"，五到六项为"重度失能"。工具性日常生活能力指标包括：打电话、坐车、采买、持家、煮饭、洗衣、理财、看病用药。

3.精神行为、心理问题的测评

评估目的：老年人身体器官的衰老导致心理功能衰退，并产生相对的行为表现。老年精神心理评估是老年综合评估的重要组成部分，其目的和意义如下：

第一，评估老年个体的精神状态和心理过程，用于判断是否患有精神或心理障碍及其严重程度，包括情绪情感、精神行为等方面问题。

第二，观察病情演变和评估治疗效果。

第三，评估老年个体的人格特征，做到总体把握，为疾病的诊断、医患沟通奠定良好的基础。

评估工具包括神经精神症状问卷，老年精神状况量表，阿尔茨海默病的行为病理学评分量表，康奈尔失智抑郁量表及失智严重程度分级量表等数种。本书重点介绍两种。

（1）阿尔茨海默病的行为病理学评分量表[①]（behavioural pathology in Alzheimer disease rating scale，BEHAVE-AD）

阿尔茨海默病的行为病理学评分量表常用于评估阿尔茨海默病的行为病理性失智患者精神行为症状，目前在国际上已被广泛采用。该表由Reisberg等人于1987年编制，包括症状评定和总体评定两部分。症状评定部分含25个症状，归7类，偏执和妄想、幻觉、攻击、活动异常、昼夜节律紊乱、情感障碍、焦虑和恐惧每项症状按4节评分，总体部分评定精神行为症状的严重程度。该表比较全面、有效地评定失智患者的行为和精神症状。

---

① 北京老年痴呆防治协会，阿尔茨海默病防治协会，国际老年痴呆协会中国委员会.失智老人照护师［M］.北京：北京出版社，2017：64-66.

A.妄想（paranoid and delusional ideation）

1."自己的东西被偷"妄想
（0）无此现象
（1）"别人把自己的东西藏起来"已达妄想程度
（2）"别人侵入家中，将自己的东西藏起来或偷走"已达妄想程度
（3）与不存在的侵入者对话或听到话语

2."房子不是自己的"妄想
（0）无此现象
（1）坚信家人（或照顾者）被替换了
（2）因相信上述妄想，出现激动、生气等情绪反应
（3）除出现情绪反应外，并出现攻击行为

3."家人（或照顾者）被别人替换了"妄想
（0）无此现象
（1）坚信家人（或照顾者）被替换了
（2）因相信上述妄想，出现激动、生气等情绪反应
（3）坚信并会指控照顾者马上就要将其抛弃或送入养老院

4."被家人遗弃"妄想
（0）无此现象
（1）怀疑照顾者有阴谋将其抛弃或送入养老院
（2）坚信并会指控照顾者欲将其抛弃或送入养老院
（3）坚信并会指控照顾者马上就要将其抛弃或送入养老院

5."家人对其不忠实"妄想
（0）无此现象
（1）坚信配偶或子女对其不忠实
（2）因坚信配偶或子女对其不忠实而出现情绪反应
（3）因上述妄想，而出现具体的暴力行为

6.除上述情况外的多疑或妄想状态（suspicious or paranoia）
（0）无此现象
（1）多疑（如藏东西甚至连自己都找不到的程度）
（2）妄想（已达坚信的程度，或因为怀疑而产生情绪反应）
（3）因多疑而产生暴力行为
未分类：
请描述：

7.除上述情况以外的确定妄想（delusion）
（0）无此现象
（1）妄想
（2）因妄想而出现语言或情绪反应
（3）因妄想而有行为表现或暴力行为
未分类：
请描述：

B.幻觉（hallucination）
8.视幻觉 （0）无此现象 （1）模糊，无法清楚确认 （2）清楚可辨的幻觉（物品或人） （3）对幻觉有情绪、言语或行为上的反应
9.听幻觉 （0）无此现象 （1）模糊，无法清楚确认 （2）清楚可辨的幻觉（如单词或短句） （3）对幻觉有情绪、言语或行为上的反应
10.嗅幻觉 （0）无此现象 （1）模糊，无法清楚确认 （2）清楚可辨的幻觉 （3）对幻觉有情绪、言语或行为上的反应
11.触幻觉 （0）无此现象 （1）模糊，无法清楚确认 （2）清楚可辨的幻觉（物品或人） （3）对幻觉有情绪、言语或行为上的反应
12.其他幻觉 （0）无此现象 （1）模糊，无法清楚确认 （2）清楚可辨的幻觉（物品或人） （3）对幻觉有情绪、言语或行为上的反应 未分类： 请描述：
C.行为干扰（behaviour interruption）
13.离开照顾者或居所而四处游荡 （0）无此现象 （1）偶尔，未达需要限制的程度 （2）已达需要限制的程度 （3）被限制阻止其离开时会有情绪、言语及行为上的反应
14.无目的的行为 （0）无此现象 （1）重复性的无目的行为（如重复开关门窗，将衣物收起后又打开，重复穿衣脱衣，重复问问题或提出相同的要求） （2）年鉴性的无目的的行为，已达到需要限制的程度 （3）因上述行为而导致身体伤害

15.不适当的行为 （0）无此现象 （1）不适当的行为（将东西藏在不适当处，例如将衣服丢在垃圾桶或将空盘子放在炉子上煮；不适当地暴露性器官） （2）行为出现已达需要限制的程度 （3）行为出现已达需要限制的程度且当加以限制时，出现愤怒等反应
D.攻击性（aggressivity）
16.口头攻击 （0）无此现象 （1）有此现象（如常使用以前很少出口的污言秽语） （2）除口头攻击外，并有愤怒等情绪反应 （3）除口头攻击外，并有愤怒等情绪反应，且清楚指向其他人
17.实际攻击 （0）无此现象 （1）恐吓性行为 （2）实际攻击行为 （3）实际攻击行为，且伴有极端愤怒
18.除上述行为外躁动不安 （0）无此现象 （1）有此现象 （2）有此现象，且有情绪反应 （3）有此现象，伴有情绪反应及实际行为 未分类： 请描述：
E.昼夜生物周期障碍（diurnal rhythm disturbance）
19.昼夜颠倒 （0）无此现象 （1）晚上常常醒来 （2）睡眠周期紊乱，晚上的睡眠周期只占以前的50%~75% （3）睡眠周期完全被破坏，晚上的睡眠周期小于以前的50%
F.情感障碍（affrctive disturbance）
20.哭泣 （0）无此现象 （1）有此现象 （2）哭泣，且伴有明显的情绪变化 （3）常哭泣，且伴有明显的情绪变化

21.其他忧郁情绪 （0）无此现象 （1）有此现象（如偶然会提到"我希望我死掉"，但无明显情绪反应） （3）有此现象且呈现明显的相关反应（如常提到想死的念头） （3）有此现象，且伴有明显的情绪及行为表现（如自杀意图）
G.焦虑及恐惧（anxiety and phobia）
22.对将发生的事的焦虑 （0）无此现象 （1）有此现象，对将发生的事会一问再问 （2）有此现象，对照顾者构成威胁 （3）有此现象，对照顾者无法忍受
23.其他焦虑表现 （0）无此现象 （1）有此现象 （2）有此现象，对照顾者构成威胁 （3）有此现象，对照顾者无法忍受 未分类： 请描述：
24.怕被单独留下 （0）无此现象 （1）有此现象，且以口语表达其恐惧 （2）除口头表达外，其恐惧使照顾者需采取行动处理 （3）除口头表达外，其恐惧已达需随时有人陪伴的程度
25.其他恐惧 （0）无此现象 （1）有此现象 （2）有此现象，其恐惧使照顾者需采取某些特殊行为 （3）有此现象，且其程度已影响并限制患者的活动范围

如果以上症状程度已达如下一项，则可作出判断：

（0）对照护者不构成困扰，或对患者本人不构成危险；

（1）对照护者稍有困扰，或对患者稍具危险；

（2）对照护者造中等程度的困扰，或对患者本身构成中等程度的危险；

（3）程度严重，使照护者无法忍受，或对患者本身造成极度的危险。

（2）失智严重程度总体衰退量表①（global deteriorate scale，GDS）

由 Reisberg 于 1982 年编制，根据病人的认知功能和社会生活功能对失智的严重程度分级，用来评估失智患者认知功能所处的阶段。1~3 级为失智或早期阶段，4~7 级为失智阶段。此量表根据与患者关系最密切的照料者提供的信息进行评分，检查用时大约 20 分钟。

总体衰退量表

第1级　无认知功能障碍
无主观叙述记忆不好，临床检查无记忆缺陷的证据
第2级　非常轻微的认知功能减退
自己抱怨记忆不好，通常表现为以下方面： 1.忘记熟悉的东西放在什么地方；2.忘记熟悉的人的名字，但在临床检查无记忆缺陷的客观证据。就业和社交场合无客观的功能缺陷，对症状的恰当关心
第3级　轻度认知功能减退
最早而明确的认知缺陷。存在下述2项或2项以上的表现： 1.患者到不熟悉的地方迷路；2.同事注意到患者的工作能力相对减退；3.家人发现患者回忆词汇的名字困难；4.阅读一篇文章或一本书后记住的东西甚少；5.忘记新认识的人的人名；6.可能遗失贵重物品或放错地方；7.临床检查有注意力减退的证据。只有深入检查才有可能获得记忆减退的客观证据。可有所从事的工作和社交能力的减退。患者开始出现自我否认，伴有轻、中度焦虑症状
第4级　中度认知功能减退
明显的认知缺陷表现在以下方面： 1.对目前和最近的事件知识减少；2.对个人经历的记忆缺陷；3.从做连续减法可发现注意力不能集中；4.旅行、管理钱财等的能力减退。 但常无以下三方面的损害：1.时间和人物定向；2.识别熟人和熟悉的面孔；3.到熟悉的地方旅行。不能完成复杂的工作，心理防御机制中的否认显得突出，情感平淡，回避竞争
第5级　重度认知功能减退
患者的生活需要照顾，检查时半天不能回忆起与以前生活密切相关的事情。例如，地址、使用了多年的电话号码、亲属的名字（如孙子的名字）、本人毕业的高中或大学的名称或地点定向障碍。受过教育的人，做40连续减4或20连续减2也有困难。此阶段，患者尚保留一些与自己或他人有关的重要事件的知识。知道自己的名字，通常也知道配偶和独生子女的名字。进食及排尿、排便无须帮助，但不少患者不知道挑选合适的衣服穿

---

① 北京老年痴呆防治协会，阿尔茨默病防治协会，国际老年痴呆协会中国委员会.失智老人照护师［M］.北京：北京出版社，2017：67–69.

续表

第6级　严重认知功能减退
忘记配偶的名字，最近的经历和事件大部分忘记。保留一些过去经历的知识，但为数甚少。通常不能认识周围环境，不知道年份、季节等。做10以内的加减法可能有困难。日常生活需要照顾，可能尿便失禁，外出需要帮助，偶尔能到熟悉的地方去。日夜节律紊乱。几乎不能记起自己的名字。常无法区分周围熟人与生人 　　出现人格和情绪改变，这些变化颇不稳定，包括： 　　1.妄想性行为，如责备自己配偶是骗子，与想象中的人物谈话，可与镜子中的自我谈话；2.强迫症状，如可能不断重复简单的清洗动作；3.焦虑症状，激越，甚至出现以前从未有过的暴力行为；4.认知性意志减退，如因不能长久保持一种想法以决定有的行为，致使意志能力丧失
第7级　极严重认知功能障碍
丧失言语功能，常常不能说话，只有咕哝声。尿失禁，饮食及排尿、排便需要帮助料理。丧失基本的精神性运动技能，如不能走路，大脑再也不能指挥躯体，常出现广泛的皮层性神经系统症状和体征

第二章

共同面对失智症

　　失智症早期症状常被误认是"年纪大了"的正常大脑老化过程，但随着病程的进展，每一个亲人逐渐消失在他的记忆里，那些熟悉的亲切的面孔变得淡漠，深刻的往事和美好的回忆变得模糊，仿佛在刹那间，他们就切断了与这个世界的一切联系，世界对他们来说，不再有意义。失智症患者全然弄不清我是谁、我在哪里、我到哪里去；他们只是孤独地等待，等待上路，到远方去。失智症的另一个可怕之处是，它来得不显山不露水，静悄悄地侵蚀患者的大脑记忆储存库，一旦病征症显现，到就医时病魔往往已经扩大了，肆虐的力度和脚步有时候快得让患者及家人难以招架。失智症不仅是患者个体生命之大不幸，同样是家庭之大不幸，面对老龄化时代，失智症人口增多的趋势，它需要我们大家共同面对，齐心协力，共渡劫难。

一、失智是生命无法承受的劫难

　　"人，万物的灵长！""人，会思考的芦苇。"表明人的尊贵与高尚，人的力量与伟大。这种高贵与力量恰恰在于人的思想，人的思想赋予人以灵魂和力量，人因此而富有灵气、才情、智慧与创造，还有爱与被爱的能力。

　　如果有朝一日，个体不能感觉思想，丧失记忆，没有意识，他原有的思维能力趋于退化为零，连生命本能都无法维持，那将是何等的凄苦处境！失智症正是令个体陷入这一苦境的恶魔！

　　"dementia"表示"失智"，指的并不是一种特定的疾病，而是一系列症状，包括思考能力和情感控制能力的丧失等。这些人类智慧的大脑，在失智症的侵袭下，不断抽丝剥茧，忘却了曾经的才情与砥砺。然而，遗忘只是起点，最后患者会忘记自己最亲近的人和最热爱的事业，逐步耗竭脑组织功能，最终将无法支撑最简单的身体动作，饮食起居甚至呼吸，以至生命的尊严尽失。"记忆化作流沙，亲人变得陌生，心智有如孩童，世界重归于零"，这是人们对失智症患者悲情命运的形象而深刻的描述，它足以表明，失智症是一种生命不可承受之劫难。

1.记忆消失成黑洞

失智从记忆的丧失开始，这既是失智之始也贯穿在失智的全过程，实际上，失忆是失智的基础。从轻度失忆与认知障碍到最后的植物人状态，短则几年，长则几十年，平均生存周期在5~6年。犹如脑海里有块橡皮擦不断地擦掉记忆，终在长期折磨后带走空荡的躯壳，记忆犹如黑洞。

（1）记不住事

"失智"这个生命中不可承受之"失"，起源于"遗忘"。多数人都有健忘的经验，比如忘记东西放在哪里、忘记银行密码、忘记重要约会等，就是俗话说的丢三落四。不过，一般性健忘都带有偶然性，并且非持续健忘，事后均可以回想起来，而且并不是经常性地发生。如果是一个人连续地遗忘而且越来越严重，那就不是一般的健忘了。

①失智症的遗忘有几个特点：

一是彻底的遗忘。永远回忆不起来，忘了就忘了，决不会再次出现在脑海里。就如同橡皮擦将其彻底清除。

二是完全的遗忘。一件事情，如果是一般性遗忘，则可能是忘记某一方面的内容或细节，但决不会忘掉事件本身，而失智之遗忘则使整个事件遗忘。举例说，某日，参加了一次同学聚会，在某家星级饭店，吃的是中餐。对普通人而言，可能是记不起具体与会的所有同学的姓名，或多少样菜，或消费了多少等细节，这都是很正常的。而失智之遗忘则是整个事件都忘记了，压根儿就不记得昨天曾经有同学聚会这件事。

三是普遍的遗忘。失智症的遗忘是从具体某件事开始，会逐渐扩展到日常生活、工作学习的方方面面。日常生活的特点，除了日常的程式化（如一日三餐及起居作息）之外，多少带了随机性与变化性，这往往是令人忘事的原因。但工作学习则带有程式化（上下班的工作安排），一般情况下，人们就像机器人一样，较少产生遗忘。但失智症的遗忘恰恰就在此表现出失智的严重程度，遗忘令人无法照常工作或维持工作的高质量水准，使患者在单位陷入于被动局面，无法再胜任工作尤其是办公室工作，久而久之，便不得不辞职。

②陈述性记忆遗忘与工作性记忆遗忘：

所谓陈述性记忆，指能够用语言来描述的对事件事实情境及其联系的记忆。陈述性记忆遗忘往往出现舌尖现象，亦可称之为"命名障碍"，即话到嘴边，又说不出来的现象。这是由大脑对记忆内容的暂时性抑制造成的，这种抑制来自于多方面，包括事物的复杂特征，以及回忆时的情境因素等，而消除了抑制，如经他人提示、离开回忆困难时的情境、消除紧张情绪等，舌尖现象往往就会消失。这种现象，即使像健康无恙的大学生也会时有发生[1]。

工作记忆，即一种能一边做事情一边记住少量资讯的能力，工作记忆遗忘正是这种能力的丧失。比如今天早上，"我准备外出前，着装完毕后，挑了一副可以搭配衣服的粉红色钻石耳环，并站在衣橱前戴上。然后，我上楼去化妆，这时发现只有一只耳朵上有耳环，所以我下楼去卧房找。结果看见它就躺在衣橱镜旁的架子上，那固定住耳环的扣也在旁边，这代表我戴上第一只耳环后，注意力就分散了，根本没戴上第二只耳环。""同样地，当晚餐煮到一半时，我把垃圾拿到外面，这一拿，就忘记正在煮晚餐，结果一分钟后我又在外面给植物盆浇水，完全没有意识到炉子上的花椰菜已经干到快焦了。"[2]

失智症患者呈现单线型的记忆，因而很容易被打断，举例来说，明明十一点要去医院看病，但因为在出门前读了什么书，或者正好看了什

---

① 〔美〕莉萨·吉诺瓦（Lisa Genova）.我想念我自己［M］.陈嘉宁译.北京：中信出版集团，2017：72、125.

② 〔美〕荷姐·桑德斯.爱我的人也呼吸着我［M］.郭宝莲译.中国台湾地区新北：木马文化事业股份有限公司，2017：64.

么有趣的电视节目，又或者是有人打了电话来，他们可能就会因此忘了要去医院的事。个体一旦患上失智症，其记忆的遗忘便会像传染病一样在个体日常生活中弥漫开来，一直到将所有东西都遗忘。

（2）忘了"我是谁"

失智症患者往往有一种照镜困惑，面对镜子中的自己一脸茫然，这正是其遗忘了自我的表现。失忆最令人心痛之处在于它令个体忘掉"我是谁"，忘掉了自己的人生辉煌、自己热爱的事业、自己的喜怒哀乐甚至自己个性品质等，就像一个被脱光衣物赤裸裸地暴露着的个体。失智症一步一步将患者经历过的老年、中年、壮年、青年、少年，种种人生抹灭得一干二净，船过水无痕，最后又回到婴幼儿阶段。

（3）忘了"你是谁"

每个人都会老去。但我们希望的是这样一个场景：在耄耋之年，我们仍然耳聪目明，让儿孙们可以在膝下倾听我们生命历程里那些精彩的故事。但对于那些患有阿尔茨海默病的老人而言，这简直是一个遥不可及的梦想。许多阿尔茨海默病患者子女坦言，他们最害怕的不是老人过世的一刻，而是有一天父母转过头问他们"你是谁"的那一刻！那一瞬间意味着父母和孩子之间几十年的联系全部清零。实际上，在阿尔茨海默病患者眼里，你可能是他（她）们认可的任何一个人，唯独就不是他（她）们现实中的亲人，你作为他（她）的亲人只能是存在于对过去的记忆中。

这种疾病最大的痛苦在于，病患在现实与记忆的交叉中忘记了过往、模糊了当下，记忆闪回中的苦痛和挣扎只能在无名的烦闷中宣泄，生命也因缺失了宝贵的部分而黯然失色。对于他们的亲人而言，深爱的人渐渐将你遗忘，是比别离更加无法忍受的。相守过了一辈子的爱人，突然变得像个陌生人；含辛茹苦一辈子的父母，一出门就不知道回来了，明明那个你最熟悉的人就在你面前，却说不认识你，这让人何等的无助和心酸。

患有阿尔茨海默病的老人就像被困在时间的长河里，对亲人的记忆一点一点被脑海中的橡皮擦拭去；而家属则煎熬着承受这一场漫长的告别。

阿尔茨海默病患者往往失去了当下认知能力，爱不再是一种眼前的现实，患者与亲人之间的爱好像隔着一堵墙。你在他/她面前，但他/她却活在过去的记忆里，无法将他/她拉回现实中来。下面是两个令人心碎的画面。

一个儿子去看母亲，一边走进客厅一边叫："妈！"老太太回答："拉里！拉里！"可是当他走到老太太眼前，老太太却说："你是谁？"

妹妹去看哥哥，她一直站在哥哥背后给他揉肩，一起回忆童年时代的美好时光，他们的交谈非常愉快。可当她走到哥哥面前让他看到她的脸时，哥哥却说不认识她，马上拒绝与她交谈。[①]

2.情感凋零变荒漠

失智症是一系列症状的总称，这些症状不光表现为认知能力的下降，还表现在心理/精神上的症状。如抑郁、焦虑、易怒、冷漠甚至攻击行为。

失智症患者的情感障碍包括阳性与阴性两种，阳性指的是躁狂、抑郁、激越、焦虑、易激惹、失抑制以及言语错乱、虚谈症与虚构症；阴性指的是情感冷漠、能动性减退、情感活动低下、不能识别他人情感表达的意义以及患者自身情感表达能力也降低等。冷漠表现为缺乏主动性，而激越则是内心紧张导致的过度行为活动，两者基本上代表了失智症患者情感障碍的两极。

情感障碍是失智症患者的重要症状。忘记身边的亲人虽然是一种遗忘，但却是失智症者最为悲情的表现，其所表征的恰恰是失智症患者所面临的世界是灰色并可能是冷漠的，他们无法体验生活与世界的丰富多彩与美丽动人，他们的情感世界会逐步凋零变为荒漠，生命之花渐趋枯

---

① 〔美〕乔琳·希瑞奇.他们从未忘记你〔M〕.王佳婉译.北京：华文出版社，2014：13.

萎、凋谢。

（1）对一切都表示冷漠

对周围的有些事情，漠不关心。但又会出现极端、妄想、暴力等行为；努力回忆也记不起亲人的容貌，见面后要等亲人自我介绍，才能唤醒他的零碎记忆，但表情淡漠。子女不厌其烦地照料，却换不来老人的理解。给出的温情再多，家人也只是他们最熟悉的"陌生人"。过去称失智症为"痴呆"便有表情木然、呆滞的意思，某种意义上，其所揭示的正是失智症患者的真实情感状态。

情感冷漠是阿尔茨海默病患者最常见的临床表现之基本特征，包括对日常生活活动、个人爱好和追求缺乏兴趣；不愿意参加会友、与家人团聚等社会活动和人际交往活动；感情反应减少和亲密度减低等情感活动缺乏。

冷漠症是失智症的早期现象。美国神经病学学会会刊《神经病学》杂志刊登一项研究发现，老年人对业余爱好或其他活动失去兴趣，表现冷漠可能是老年失智症的早期迹象。在研究中，有平均年龄为76岁没有得老年失智症的4354名参试者进行了大脑核磁共振成像扫描（MRI）。参试老人还接受了旨在测试其"冷漠症状"的问卷调查。这些"冷漠症状"包括，对任何事情都无兴趣、缺乏情感、放弃各种活动及爱好、宁愿待在家中以及整天感觉没劲，等等。对比研究结果发现，出现有两个或两个以上冷漠症状的老人，其大脑灰色物质比正常老人少1.4%，大脑白色物质少1.6%。大脑灰色物质负责学习和记忆存储，而大脑白色物质则发挥着连接大脑不同部位的通信电缆的作用，这两种大脑皮质的减少都意味着大脑部位相应功能的减弱。[①]

（2）情感交流能力丧失

首先是丧失正常情感反应。这是因为失智症会造成记忆障碍、定向力障碍、理解/判断力障碍等，使他们在面对周围的刺激和信息时，无法

---

① 冷漠是老年痴呆症前兆［J］.中华中医药学刊，2016（2）.

作出正确的判断和解释。

其次就是误认现象严重。失智症患者如果失去了过去所获得的记忆，那么有关自己的年龄和周围人的生死等记忆也就会全部消失。这时候，患者就会分不清与周围人的关系。比如80岁的老人，失去了30岁以后的记忆，就会对50岁的女儿喊"姐姐"或者"婶婶"，家庭成员关系在患者的脑中变得十分混乱。

再次，丧失情感认知能力。人类的认知包括理性认知和感性认知，情感生活同样取决于个体对环境与他人的情感认知能力，失智症患者正在不可逆地丧失这一能力。情感认知能力的丧失既是一种失智，也是一种失能。随病程的行进而加剧，最后导致情感交流减少。

（3）情感情绪失禁

通俗说就是变得不可理喻。患者有时候会有"情绪失禁"的现象，也就是对于生活中发生的一些小事，患者会突然号啕大哭或放声大笑。例如因为看到一段时间不见的亲友，或在电视上看到稍微有点感人的画面而突然大哭；以及因轻微的刺激或不是很好笑的笑话，就突然很大声地笑；常常因为琐碎的事和家人闹矛盾，有时候会因一句话一件小事泪流满面；有时候却为一件微乎其微的小事高兴得手舞足蹈等，这些超出情绪强度的表现或反应，事实上是因为大脑控制表达情绪的部位，也就是大脑额叶到桥脑的通道受到阻塞而导致。

说失智症患者情感能力失去，并不是说他们没有自己的情感，而是说他们的情感情绪不再与现实世界相协调与和谐，他们不再懂得"人情世故"，不善也不能运用对方所能够接受的情感方式去作出反应。这大概正是退行的实质所在。

3.心智退化如孩童

在阿尔茨海默病中期阶段，患者的行为相当于八岁孩子的行为，随着病情的进展，他们的行为能力会退到五岁甚至三岁以下。"如果你家里有三岁的孩子，你可以看到他们会做些什么，阿尔茨海默病患者也许会做同样的事情。整个疾病的发展方向类似于婴儿成长的反方向。同样的道理也反映在抑制力方面。孩子是尚未形成自己的抑制力，而阿尔茨海默病患者却是丧失了自己的抑制力。"①

然而，即便如此，人们却不能像对待"老小孩"般对待失智症患者。

如弗洛伊德所言，童年早期的印象，尤其是语言发展之前的印象，是不可抹掉的。我们"成熟"意识或许会透过理性来消除它们，但是我们的潜意识仍会紧紧依附着童年早期的印象。而当个体以理性为支撑的心智开始瓦解丧失之际，童年的再现就自然而然，童年的许多听觉上（也包括视觉上）的记忆便成为个体在现实中应对环境的最常见方式。

（1）行事如儿童

失智在本质上是失去成年人的心智，其认知、理解及行为举止表现为幼稚、天真、简单，无法面对复杂的局面。

在电视剧《嘿，老头》中，刘二铁表现出很明显的"童心"，背后其实质就是心智退化的必然。刘海皮（儿子）在养老院看到父亲与一个大爷因为争抢一个破布娃娃差点打起来，他情绪激动地冲过去问父亲到底怎么了。刘二铁只是抱着娃娃怯生生地看着面前的儿子。刘海皮只好去问养老院的医生晓然，晓然委婉地告诉他刘二铁有患老年失智症的倾向，痊愈是不太可能的，只能拿药维持着。刘海皮不能接受自己的父亲会患上老年失智症，接着他带刘二铁去医院做检查，医生告诉他刘二铁在几个月前就患上了老年失智症。

刘二铁闹着要找李克花，李克花每晚都陪他睡觉，没有李克花他睡不着，刘海皮以为父亲突然提母亲名字是记忆恢复了。直到天亮刘二铁都不睡觉，无奈的刘海皮只好把他送回养老院。在养老院里，刘二铁对着破布娃娃叫李克花，刘海皮这才明白原来父亲每晚都抱着这个破布娃娃睡觉。

①　〔美〕乔琳·希瑞奇.他们从未忘记你［M］.王佳婉译.北京：华文出版社，2014：8-9.

（2）辩识能力丧失

现实生活是非常复杂的世界，里面有各种规则需要遵守，有各种复杂现象需要去辨别。所谓人生在世，靠的是敏锐的理性辨识能力去面对各种复杂的环境，并通过遵守社会规则去恰当地调整自己的言行举止。然而，失智症患者恰恰表现在这种能力的丧失，他们成为名副其实的弱势群体。他们既无法遵守规则礼仪，也无法辨认外在环境中的世态万象，从而使个体的社会人格与能力最早丧失。因此，他们也往往成为复杂环境的牺牲者。

有一则"半年买5万元保健品，把推销员当成'儿子'"的故事。45岁的郑云飞早已在北京定居。三年前父亲过世后，母亲就患上了轻度老年失智症。"带她去了医院，说要慢慢调理。"去年，郑云飞想要带母亲去北京一起生活，老人却以"适应不了外面的生活"为由拒绝。

考虑到母亲病情不算严重，而且长沙老家也有几个侄子能照应一下，郑云飞就随了老人的心愿。由于平时工作繁忙，郑云飞几乎一年才能回一次长沙探望母亲。

今年9月底，郑云飞利用出差机会回了一趟长沙，初入家门时的情形却让他倍感意外：客房的角落里，堆放着各种各样的保健品，盒装的、瓶装的，吃的、喝的，拢个堆能占去半间屋子。

"母亲说，这些保健品都是儿子要她买的。今年吃不完，明年可以继续吃。"郑云飞心生疑惑，自己从没有说过这样的话。他大致算了下，母亲积攒的保健品票据有10多张，累计购买保健品的花费有5万元。足足清点了一个晚上，郑云飞才逐一列出母亲寄存在每个保健品公司的产品数量。他拿着这些单据，想要找到各家保健品公司要求退款，却被母亲大声呵斥。

"我另一个儿子给我买的东西，关你什么事？"面对母亲的质问，郑云飞才明白过来，母亲口中的儿子就是保健品的推销员。"心就像被针扎了一样。"郑云飞说，到底是母亲病情加重认错了人？还是母亲故意拿这话气他？自己都无心再去过多追问。

在郑云飞看来，并非自己不关心母亲，而是老母亲宁愿选择单独生活，也不愿去北京。"我虽然一年回来一次，但明显每次她给我的感觉都不一样。"郑云飞说，老人的这次"认亲"让他慌了神，自己已经下定决心，无论如何也要让母亲搬去北京跟自己一起生活。[①]

（3）日常生活能力如儿童

失智症患者无法具备良好的思考能力来进行日常活动，比如穿衣或进食，也没有能力去解决问题或者控制情绪。纪录片《被遗忘的时光》中记录的是一群失智老人的日常生活，无一不表现出心智退化的症状：夜里睡不着，反复穿衣服然后坐在大厅椅子上面的老头儿；半夜尿了自己衣服不得不喊工作人员的老太太；看着老太太和女儿回家，一路上开心的笑语欢声；工作人员耐心地像哄自己宝宝一样的温柔语调……，他们有多需要人照顾又有多需要人帮助和爱护！

看片中的人，他（她）都有曾经的岁月，都有年轻的光彩。只是到了垂暮之年，他们可能不能自己吃饭，自己穿衣，自己上厕所，自己走动，自己看世界，他（她）需要人像从前他（她）们对待儿女那样的对待他（她）们。温柔地说话，小心地呵护，只因为他（她）们回到了像孩童一样的时光。

著名画家吴冠中在其散文《他与她》中，记述了照顾罹患失智症妻子的种种艰辛与对妻子的无比怜爱。在文中第一句话就是"她成了婴儿"。

"她成了婴儿。病作弄她，她忘记了有几个儿子，但能说出三个儿子的名氏。早上他守着她吃了药，说好剩下的中午晚上再吃。可一转身，她将一天的药都吃了。于是他只能按次发药给她吃，平时将药藏起来。"

在《他们从未忘记》一书中，曾记录有位老太太总是抗拒洗澡，一次偶然的机会，护士发现当自己穿着围裙的时候，老太太会非常配合。

---

① 张浩. 很无奈！最温情的家人变成"陌生人"［N］. 三湘都市报，2018-10-20.

估计老太太是把护士当作妈妈了。是啊，围着围裙的女士多么像个温柔慈爱的妈妈。①

她们就像婴儿一样！

（4）注意力不集中

注意力不集中主要表现在工作性遗忘。注意力是聚集和指导认知功能加工过程的能力，能抵御分心行为。注意力最基本的评估方法是数字范围测试，即检查者以每秒一个数字的速度说出一组数字，要求被检查者按正确的顺序复述，正常结果的范围为7加减2的数字。做事情时极易转移注意力，又往往顾此失彼，无法始终将一件事情做完，这是注意力不集中最常见的症状。

当失智进入中度期之后，"在这个时期，爸爸已经失去正常成人的耐心和专注力了。室内的活动他无法专注太久，总共加起来不能超过两个小时。一旦超过临界点，他会开始不知所措或焦虑不安。因为爸爸的体力还很好，所以室内的功课做完之后，天气好的时候我会带他做户外活动，通常带他去外面时他很高兴，比如丢投币式篮球，到公园、运动场散步，或爬一段阶梯到附近山上知名的寺庙。"②

4.世界遗落归于零

失智症患者往往是被困在时间河流里的长者，他们失去昨天，又恐惧明天，只有当下的瞬间存在。至于身外的人与物，这个纷扰的世界对他们而言，压根儿就不存在。

俗话说"一人一世界"。失智症摧毁的是个人赖以建立世界的基础——自我。从个体出生成长开始，自我便伴随而生，自我有两个部分：一个是与这一个体与生俱来的、独一无二的生命不可分的个体性自我；另一个是个体在与他人、外界和环境交往中形成的关系性自我，这个自

---

① 〔美〕乔琳·希瑞奇.他们从未忘记你［M］.王佳婉译.北京：华文出版社，2014：112.

② 周贞利.记忆空了，爱满了［M］.北京：华夏出版社，2017：74.

我是由我们生命中遇到的人所形塑的。我们的自我形象建立在跟别人的互动基础上，而那些人却不是我们主动选择的（父母、老师、同学、同事等）。当然，最重要的是亲生父母或养父母、家庭外的第一照顾者，他们对个体的自我塑造起到了关键作用。在日后生活中，个体所交往的任何一个对象都参与了个体自我的塑造与改造。逐渐地，个体在自我的支配下开始他的日常生活与工作，并逐渐形成个体独有的世界。而且，随着人生的进展，个体的关系会日益丰富与发展，他的世界也就日益走向成熟与完善。

失智症令个体忘掉了"我是谁"，忘掉了"你是谁"，随之而来的便是模糊了"我在哪里"的人世定向，即"在世"状态被遗落，患者离他们的世界渐行渐远，以至于逐渐消失，一切归零。

（1）被幽禁的心灵

失智症就像心灵的终结者，将人的心灵之窗一扇一扇地关闭，还会让你的人生倒带回转，在错乱的时空概念里不断地游走，穿梭在过去和现实之间，造成患者精神上极大的痛苦，一直到失去所有的能力之后心智回归零岁，生命终结。

失智症患者无法像过去那样，承担生活中的各种要求和责任。他们既不属于过去，也没有到达未来，在这个世界里他们感觉到的只有孤独与绝望。

一个照护失智症父亲多年的女儿，深切体验到被失智症深深囚禁中的父亲的苦境。她写道："爸爸的心灵就好比被禁锢在一个只留下一道窗口的密闭空间里。而失智症正用砖头一块一块地把这个窗口砌实起来，他的心灵慢慢地失去光线，失去与外界连接的管道。当最后一块砖被砌上时，爸爸的心灵就完全陷入一片漆黑，再也无法与我们交流了。"[1]

（2）真实与虚幻难分的世界

失智症患者没有足够的灵敏度去分辨真实事物与"不存在事物"之

---

① 周贞利.记忆空了，爱满了［M］.北京：华夏出版社，2017：28.

间的差异，他们的世界是真实与虚幻不分的世界。失智症患者已经没有了足够的灵敏度去辨识出真实与虚幻之间的差异，他们看到的就是真实的。

如果电视剧里有人被杀了，阿尔茨海默病患者会认为真的有人被杀了。有位患者对太太说，他所在养老院的送餐员会在饭里私藏毒品，他非常担心，要他太太马上报警。第二天，她太太的朋友告诉她，昨晚看到一个电视剧里面演的剧情就是毒贩在饭里掺杂毒品。看来电视剧里发生的事情被患者当作真实发生的事情。①

《流放的老国王》一书曾记载作者的父亲患失智症后的经历，作者告诉我们，到了某一阶段之后，他父亲便开始无法认知电视中出现的画面是另一种现实。他朝电视看去，一下子看到一间不认识的房子，等一会儿又见到一辆汽车。他奇怪"汽车怎么可能开到这儿来的"；到圣诞节时，他从沙发上起来，手端着摆放圣诞点心的盘子，拿到电视机前请播音员吃，见播音员没有反应，他就拿起一块骑兵小饼，举到播音员正说话的嘴边，请他尝尝。播音员没有搭理。这种持续的无礼貌的表现惹得父亲有点恼怒。②

（3）无助的孤岛

患者面临着多重丧失：失去人际关系、失去自我联系，失去与外部世界的联系，从而如同一道围墙封闭与禁锢着个体的生存世界。失智症则正在摧毁一个人的自我，而这个自我正是过去那个人之所以能够去爱、能够表达爱的主要源头，也即是与外部世界联系的源头。失智症患者的世界日渐萎缩，失智症导致一个人处于孤立无助的孤岛之中。

一是社会空间萎缩。"记忆障碍往往导致社交恐惧，怕和'陌生人'见面。因为这些'陌生人'似乎都跟他很熟、很热络，但爸爸一点也不认识他们。每当出门时，遇到有人亲切地称呼、问候他时，他内心很惶

---

① 〔美〕乔琳·希瑞奇.他们从未忘记你〔M〕.王佳婉译.北京：华文出版社，2014：99.
② 〔奥地利〕阿尔诺·盖格尔.流放的老国王〔M〕.谢莹莹译.上海：上海人民出版社，2014：98.

恐，很尴尬，不知道这是谁，不知道对方的身份，又不好意思开口问，所以干脆不出门。"①

二是生存空间萎缩。方向感的迷失使患者无法获得更大的空间，丧失对环境的概念。一位失智的老太婆总不敢出门，对于已经生活了几十年的环境感到陌生，更害怕外出会走失，她或许会借口说"我出去外面头都晕晕的，还是在家就好了"；甚至有子女陪伴，他们都不敢出门，这实质上是失智症患者生存空间萎缩的必然表现，直到重度阶段卧倒在床，最后抵达生命终点。

二、失智是不可逆转的丧失

与精神或心理疾病的功能性属性相比，失智症是器质性疾病，即病在根上。我们所关注到的种种失忆、失智与失能或许都是其具体的症状表现，是心智之生理物质基础上产生病变的必然结果。

学过哲学的人都知道，意识是人脑的机能，是对客观世界的反映。人脑则是人类意识的物质基础。因此，一旦人脑出现了问题，必然引起人的意识出现问题。人脑与人体的其他器官虽同属于生物物质，但却存在地位与作用的本质不同——由于身体各部分（除了人脑）均只是身体的局部组织，其发生病变所产生的影响也都是局部的，虽然严重到了一定程度会致命，但在一般病程中，基本上还是属于可治疗的范围，因而，身体可以康复。但人脑却是人体生命的控制性器官，而且，人脑迄今为止尚无法替代，因此，人脑一旦发生病变，则会对整体生命产生影响。基于人脑病变的失智，显然不同于作为生命自然进程的衰老，相反是对

---

① 周贞利.记忆空了，爱满了［M］.北京：华夏出版社，2017：28.

这一自然进程的破坏，个体一旦罹患失智症便难以悠然老去，成为个体无法承受之劫难。

1.失智症的根本：不可逆转的脑退化

人类的大脑皮质高度分化，是机体各种功能的调控中心，包括运动、一般感觉、视觉、听觉以及意识、思维、学习、记忆和语言等。大脑皮质渐进性萎缩和神经退行性病变是导致非血管型失智的皮质基础。

（1）人类意识的物质基础

人类脑部包括三个主要构成部分：从演化的先后顺序来讲分别是脑干、小脑和大脑。

①脑干是人脑的最古老结构，首先出现在约4亿5千万年前的脊椎动物祖先中，位于小脑和喉头之间，就在我们吞咽的正后方，可以想成是脊髓进入大脑之前所延伸的神经系统。从演化源头的角度看，脑干也可以称之为"爬虫类脑"。爬虫类脑控制心脏、肺脏和其他重大器官，保证我们在面对即将到来的危险时，可以直觉地迅速反应，并掌控我们的呼吸、睡眠和循环系统。

②小脑是人类第二老的结构，又称哺乳类脑。包覆盖脑干，大约出现在恐龙出现的2亿年前，哺乳类演化出小脑。小脑协调动作、平衡和知觉运动/感觉运动等的学习。比如，小脑会把内耳所接收到的知觉跟肌肉加以联结，以正确控制人的位置或动作。

③大脑最晚出现，又称大脑皮质，最先出现在约二百五十万年前，也就是人属（Genus Homo）演化出来的时间。大脑皮质与更高级的脑功能有关，诸如复杂的思考、感知和行为。

在人脑中，皮质神经元看起来是灰色的，因此，皮质表面或内部所聚集的灰色神经元就称为灰质，而皮质底部的脑部组织看起来是白色的，因为它主要包含了受髓鞘保护的轴突，因此，这种神经元就称为白质。灰质所包含的轴突没有髓鞘保护，出现在白质的内部深处。有些患者最根部的损害就在额叶的白质部分。

大脑由4个主要区域（称为叶-lobe）组成，每个叶都以覆盖在其上的头骨位置来命名。分别是：额叶（frontal lobe）、顶叶（parietal lobe）、枕叶（occipital lobe）和颞叶（temporal lobe）。

A.额叶（frontal lobe），大脑发育最晚但却是最高级的部分。约占人类大脑半球的1/3。可分成四个主要部分：运动区、前运动区、前额区和额叶底内侧部。负责思维、演算，与个体的需求和情感相关。前额叶的基本功能就是对其他三个区域输入的信息进行加工分析，作出反馈与下达指令，通俗说其基本功能就是负责工作性记忆。

相对而言，另三个区域与讯息输入大脑有关，将视觉、听觉和触觉合在一起，让外在世界变得具有意义。

B.顶叶的输入角色主要跟触觉有关，负责接收、分析并组合来自身体的感觉讯息。顶叶左侧的顶叶让人了解符号，是字母整合成字句，字句整合成思绪的所在；在右侧的顶叶则让人得以了解空间，包括辨别脸孔、形状，察觉身体状态和身体缺陷，以及辨识方向。

C.颞叶的输入角色主要是听力。对听力损伤者所做的研究表明，这一区域叫听觉皮质区，负责听力。此外，颞叶也掌管知觉和记忆。

D.大脑枕叶Occipital lobe：（位于头后部附近）枕叶控制着人的视力和视觉识别（能够理解你所看到的内容）视力是出生时最不发达的感官之一。枕叶为视觉皮质中枢，枕叶病损时不仅发生视觉障碍，而且出现记忆缺陷和运动知觉障碍等症状，但以视觉症状为主。

（2）脑萎缩

失智症病在根上，脑萎缩是失智症的生物学前提，不论何种失智症都是根源于脑萎缩。

脑萎缩（brain atrophy）是指各种原因所引起的脑内神经细胞数目和细胞间突触减少，导致脑实质变少，脑组织结构体积缩小，脑回变平，脑沟增宽增深，脑室、脑池和蛛网膜下腔扩大，我们要注意区别不同类型的脑萎缩。

①生理性脑萎缩和病理性脑萎缩。生理性脑萎缩是随着年龄的增长，

机体功能性衰退，脑细胞功能逐步退化而引起的，因而，也被称为增龄性脑萎缩。病理性脑萎缩是由多种原因引起脑组织体积缩小的一种衰退性疾病，多由血管性疾病（如脑动脉硬化、脑梗塞、脑出血、高血压病、冠心病等）引起。

②大脑萎缩与小脑萎缩。大脑萎缩可表现为一种慢性智能精神衰退性疾病，临床以记忆力障碍，情感障碍，性格行为改变，智能减退为主要特征。临床表现诸如记忆力逐渐减退、定向力判断下降、智力下降、表情冷漠等以及其他行为心理问题；小脑萎缩（还包括中脑、桥脑、延髓、橄榄体、黑质萎缩）表现为以共济失调和运动障碍为主的慢性进行性疾病，其临床表现诸如走路犹如喝醉酒、动作反应较不灵活、上下楼梯双腿不协调、辨别距离能力不良、书写障碍以及言语含糊等。

③弥漫性萎缩与局限性萎缩。弥漫性脑萎缩包括皮层萎缩、小脑萎缩及皮层、小脑、脑干萎缩。退行性失智症均属于弥漫性脑萎缩，失智症会慢慢侵蚀脑袋、侵入颞叶和额叶；局限性脑萎缩是由局限性脑器质性病变后如外伤、血管病、颅内局限性感染等引起的萎缩。

（3）神经细胞死亡

脑萎缩最核心的决定性因素就是神经细胞的死亡。

脑细胞分多种类型：一是神经细胞，理论来说是不死亡的，因为神经细胞是不再生的细胞。二是神经胶质细胞，相当人体其他地方的免疫细胞，如果有感染的话增生会很快，如果神经纤维受损为了修复，也会很快增生。

科学家发现，有两种细胞——心肌细胞和神经细胞基本上陪伴人的一生，而这两种细胞往往都是不会再生的细胞，即在一般情况下，脑部受损是不可逆的。能持续终身的大多数细胞是在大脑中发现的，我们大脑的大部分不会随老化而自我更新。所以，这就是在危险情况下，我们都要以优先保护脑部为重。在事实上，我们的确会损失细胞，这就是患上失智症的根本原因以及头部受伤破坏性很大的原因。

据目前科学界对脑部的了解，每个人一生中会长出数百万个新的神经元，但每天新生长的神经因其自身的局限性存活不了多久，而且，新生长出来的神经元要能融入正常运作的脑部，除了旁边的神经胶质细胞必须给予支持，以及来自血液的养分，还得跟其他神经元相互联结才行——这个条件更加重要，没跟其他神经元相互联结，新生的神经元就会凋零死亡。对于成年人来说，受损的神经系统无法恢复到原本的样子，也就是说，无法正常地达成多数的实际功能，因为我们的脑部已经无法像以前那样快速且广泛地重新建构脑部的物质。

一个神经细胞健康与否，取决于它与其他神经细胞交换信息的能力。已有研究表明，神经细胞接受和传导信息时产生的电化学驱动力有助于完成重要的细胞进程。那些无法与其他细胞进行有效传输的神经细胞则会萎缩，而彻底丧失功能的神经细胞最终会死亡。

2.谁偷走了我的记忆：失智症的病理机制

失智症是一组疾病簇，不同类型失智症均有不同的神经病理学基础与发病机制，而且又表现出相互联系与区别：同一临床症状却有不同的所属类型，不同的类型也会有大体相同的临床症状。因此，了解各种失智症的病理机制很有必要。

（1）阿尔茨海默失智症的病理机制

阿尔茨海默失智症的特征性病理变化为大脑皮层萎缩，并伴有 β - 淀粉样蛋白沉积，神经元纤维缠结，大量记忆性神经元数目减少，以及老年斑的形成。

① β - 淀粉样蛋白积淀形成老人斑。老年斑即神经炎斑，是阿尔茨海默病的主要病变之一，主要是由一种名为 β - 淀粉样蛋白的蛋白质组成，堆积在神经细胞的外部。老人斑是最显著的病理特征之一，是不溶性蛋白质异常聚集形成丰富的 β 片层结构的淀粉样纤维，并积累于脑实质细胞间隙的构成物。临床研究发现，认知功能障碍症状出现前的10~15年，就能明显看到老人斑的出现。因此，老人斑被认为是阿尔茨海默病发病

过程中的最早期病变。

β-淀粉样蛋白的沉积不仅与神经元的退行性病变有关，而且可以激活一系列病理事件，是阿尔茨海默病患者脑内老年斑周边神经元变性和死亡的主要原因。β-淀粉样蛋白对神经系统的毒性作用是使血管壁淀粉样变直接导致血管硬化，弹性变差，甚至容易破裂或形成血栓，还诱使神经细胞过早凋亡。

②tau蛋白在脑细胞内部形成纤维状缠结。这是指老年性失智症病人大脑皮质细胞的一种病理变化，在其他神经变性病人中也可见到，位于神经元胞质内。这些神经细胞不仅严重变形，且缠绕成团。它是大脑皮质和边缘系统神经元内的不溶性蛋白质沉积形成的，其主要成分是以成对双螺旋丝样结构（PHF）形成聚集的异常磷酸化的一种蛋白，这种蛋白称为tau蛋白。

神经元纤维缠结是导致神经元纤维退化的主要原因，可作为大脑早老化的标志，但老年性失智症患者较正常老人脑内神经元纤维缠结数量更多，其分布遍及整个大脑。神经纤维缠结干扰细胞内在正常的物质转运并导致细胞死亡。

③海马萎缩是阿尔茨海默病的特征性病理之一。海马为阿尔茨海默病最先发生病变的脑区，β-淀粉样蛋白的代谢异常或消除障碍导致β-淀粉样蛋白在海马和大脑皮质等脑区负荷增加，并由此导致海马和皮质神经元死亡，进而引起脑萎缩。并且，海马作为具有较强的功能可塑性大脑结构，易受各种刺激的伤害，阿尔茨海默病患者认知功能障碍出现较早的是情境记忆的损害，实质上就是海马功能的障碍。海马神经元和突触的丢失是阿尔茨海默病患者发生认知功能渐进性、不可逆性损害的病理基础，海马萎缩并因此被视为与记忆损伤相关的重要指标。

此外，阿尔茨海默病与胆碱神经递质、去甲肾上腺素能神经递质、5-羟色胺能神经递质的缺损有直接关系。

（2）血管型失智的病理机制

血管型失智的病理改变分为两部分：①脑血管的病理变化可见

筛孔状态，皮质毛细血管密度降低，颅内动脉内膜增厚、血管长度增加、扭曲等老年性改变；高血压性的微动脉粥样变、脂质玻璃样变及纤维素样坏死等；②脑实质的病理变化包括白质疏松、脑梗死，其他尚可见层状坏死、颗粒状萎缩和海马硬化闭。血管型失智患者以中央性脑萎缩更明显，许多学者研究证实，主要决定认知障碍的因素是梗死灶（器官或局部组织由于血管阻塞、血流停止导致缺氧而发生的坏死），在已有明确的脑萎缩基础上，再发生脑梗死则较容易导致智能下降。①

血管型失智的危险因素与所有脑血管病的危险因素基本相同，包括高血压、糖尿病、心脏病、高脂血症、吸烟、酗酒、高同型半胱氨酸血症等。

高血压：高血压是血管型失智所有危险因素中最重要的，长期高血压造成脑内多发小动脉坏死，是造成血管型失智的主要原因之一。预防高血压病，对于预防血管型失智至关重要。

高血糖：血糖水平升高可促使动脉血管发生粥样硬化，使动脉血管腔变窄甚至闭塞，糖尿病患者易反复发生腔隙性梗死，导致失智发生。

此外，血管型失智与胆碱神经递质、5-羟色胺能神经递质和多巴胺能神经递质缺损有关。

（3）路易氏体型失智症的病理机制

路易氏体型失智症是以失智和帕金森综合征为主要临床表现，与帕金森病相似，路易氏体型失智症的病理可见包含共核蛋白的路易体。有70%~80%的路易氏体型失智症患者脑内有淀粉样斑块，多数情况下符合混合性"路易氏体型-阿尔茨海默病"病理诊断标准。路易氏体型失智症的核心临床特征是帕金森样症状、波动性认知障碍和视幻觉。

作为路易氏体失智症最基本的病理特征，路易氏休（Lewy Bodies LB）是帕金森症的病理标志，它可在黑质脑细胞里的退化细胞中找到，

---

① 严文君，高修银，陆召军.老年痴呆症危险因素的研究进展［C］.华东地区第十次流行病学学术会议暨华东地区流行病学学术会议 20 周年庆典论文汇编，2010.

主要由不溶性α-突触核蛋白异常聚集组成，提示导致α-突触核蛋白由正常可溶状态成为异常折叠的丝状蛋白的因素及过程，是这两种失智发病的中心环节。有关路易氏体在路易氏体型失智症发病机制中扮演的角色，目前主要有三种说法：其一，路易氏体对神经元的毒性作用导致细胞死亡，皮质萎缩；其二，破坏突触正常传递功能，导致皮质失去联络；其三，神经元活性代偿性兴奋过度，糖代谢长期增高，最终导致功能失常。

此外，路易氏体型失智与胆碱神经递质、去甲肾上腺素能神经递质、5-羟色胺能神经递质和多巴胺能神经递质的缺损有直接关系。

（4）额-颞叶型失智症病理机制

这是一组进行性发展的神经系统变性疾病，以失智综合征为主要表现，执行功能障碍和语言损害为主要特征的失智症候群，伴有明显的失语表现或神经精神病学症状，或两者兼有，多于50~55岁发病，一般病后10年死亡。发病率仅次于阿尔茨海默病和路易氏体型失智症，其病理特征为选择性的额叶和（或）颞叶进行性萎缩。多数患者具有家族史，部分患者能发现17号染色体上的基因存在突变。异常tau蛋白代谢可能是额-颞叶型失智症临床神经病理学特征表现的基础。最常见的一种亚型是进行性非流利性失语症，其临床表现以人格改变和社会行为异常、执行功能损害为最早、最突出的症状。

此外，额-颞叶型失智症与神经递质5-羟色胺能神经递质缺损存在关联。

3.进行性退化：没有解药的孟婆汤

所谓进行性退化，即这种退化是一种逐步而漫长的退化，直到个体心智能力的彻底丧失。如同饮下传说中的孟婆汤，会让患者一点一滴地逐渐丧失心智能力。我们常将失智症患者比喻为孩童，它与孩童心智的发展是逆向而行的。

不妨回忆穿衣习惯和孩子的成长阶段：几岁的时候喜欢不穿衣服光

着身子到处跑？大概三岁或更小；到几岁的时候喜欢自己打扮自己，把内衣穿外面，紫色和绿色的衣服穿了一层又一层，而且还觉得自己可爱？大概3岁；又到了多大的时候总是每天穿同样的衣服？大约四五岁；到多大的时候，开始挑挑拣拣？大概到了6到8岁。阿尔茨海默病的表现恰恰也是这样发展的，但却是逆向发展的。一开始，他们还记得穿着要得体，但就是不知道如何搭配；到后来，他们会一周七天穿同一件衣服；随着病情的进展，他们会在衬衣外面套内衣，穿不合身的衣服，但还能自己穿；到后来却没有了穿衣的意识，会严重到在大庭广众之下赤身裸体走到客厅中间，自己却浑然不觉。从不知如何穿好，到好赖知道穿，到不知道穿，他们还会随病情发展逐渐丧失自控能力，就像是孩子不断养成自控能力这个过程的相反方向，从此无法回归正常了。

随着病情进展，阿尔茨海默病患者的心理年龄会越来越小。换句话说，在疾病早期阶段，他们可能只忘记近20年的事情；但随着疾病的进展，他们可能会忘记近40年的事情，甚至近60年的事情。所以有些人会不认识他们的老伴，因为他们觉得自己才25岁，而满头白发的老伴却看起来比自己老太多了；他们甚至还会问妈妈在哪里，或者起床以后要上学。[1]

失智症起初是遗忘，遗忘会由近及远，然后是由失忆到失识，失能。"如果再继续恶化下去，他会失语，就是不会说话；夜晚会有恐慌症，分不清黑夜白天；不注意的话会走失，忘了回家的路；不会控制大小便，空间感扭曲，无法分辨方位及远近……最后，到了晚期会身躯僵硬，无法走路；无法吞咽进食，必须经鼻胃管灌食；最终失去意识，长期卧床，直到最后。"[2]

失智症患者的余生就是一个加强版的遗忘进行曲。在《我想念我自己》一书中，曾有对主人翁的记忆一步一步走向归零的过程有非常准确而形象的描述：

---

① 〔美〕乔琳·希瑞奇. 他们从未忘记你［M］. 王佳婉译. 北京：华文出版社，2014：6.
② 周贞利. 记忆空了，爱满了［M］. 北京：华夏出版社，2017：17.

最初是爱丽丝怀疑自己患上了失智症去医院记忆障碍科看医生，医生对她的记忆进行了一个简单的测试。随后，她给自己设计了一个操作简单的测试，每天进行自我监督。在她的草莓记事本电脑上，她提醒自己，如果任何一个问题你无法回答，请打开你的电脑中的一个名为"蝴蝶"的文件夹，立即照里面的指示去做。文件夹的内容：

"爱丽丝，先回答下列问题：

现在是几月份？

你的家庭住址是什么？

你的办公室在哪里？

安娜的生日是什么时候？

你有几个孩子？"

这是每天早上8点，她给自己的认知课。

她严格照里面要求去做：

9月份，正确答案是：9月；剑桥白杨街34号；威廉·詹姆斯教学楼1002房间；9月14日；3个。

到了11月，她打开文件夹，照要求去做：11月；剑桥；哈佛；9月；3个。她能知道现在的月份，不记得更加详细的家庭地址和办公室地址，记得生日的月份却不记得具体日期，能记住几个孩子。

到了12月，她照着去做：12月；哈佛广场；哈佛；4月；3个。能知道当前月份和几个孩子，忘记了家庭地址，无法记住详细的办公室地址，女儿生日全忘记了。

到某一天，她已无法回答任何一个问题，她打开文件夹，见到自己写给自己一封信："这是你在神智依然清醒时写给自己的一封信。如果你自己正在读这封信，说明你已无法回答下面的一个或多个问题，说明你的神智已经不再健全。"[①]

---

① 〔美〕莉萨·吉诺瓦（Lisa Genova）.我想念我自己〔M〕.陈嘉宁译.北京：中信出版集团，2017：116–119.

三、失智是可以延缓的过程

总体说来，人类面对失智症，至今尚无有效的药物与治疗方法，但可预防、可延缓。早发现、早诊断、早干预以优化患者身体活动和认知能力则是普遍的共识。当然，所谓延缓并非是使退化停下脚步，而是尽可能使之变缓，使之在轻度时期停留的时间延长，使心智维持在一个较好的水平状态。

1.失智症的退行曲线

关于失智症的退行病程，有两个方面值得注意。其一，退行有其阶段性，每一阶段都是前一阶段的必然结果，同时又是对前一阶段的强化；其二，退行是多元的退行，并不是线性退行，亦即退行的过程有其自身的复杂性，这就为延缓失智提供了前提与可能。

（1）失智是一个由近及远的记忆丧失过程

根据"艾宾浩斯遗忘曲线"，遗忘往往是由近及远的过程。"艾宾浩斯遗忘曲线"是心理学家艾宾浩斯要求实验者记住一些没有任何意义的字母串，隔一段时间就会检查实验对象的记忆效果，而统计出来的遗忘曲线。通过实验显示，记忆在1天以后就会消失掉3/4，再往后，遗忘的速度会减缓。

在已经全面了解记忆之后，我们知道，记忆在一天后消失大半是因为这些都还是短期记忆，所以很快会消失。正常情况下，那么想一直保存这些记忆，就要想办法让短期记忆转化成长期记忆。但失智症则使这种遗忘一直进行下去，近事记忆力缺失，远事记忆力受损。

根据患者疾病发生的程度可以分为3个阶段。

第一阶段主要表现为记忆力不断下降，并对近期事件遗忘明显等，同时，患者的判断能力会逐渐下降，无法对事情进行正确分析和判断；

第二阶段主要表现为远近期间的记忆力明显下降，且对日常生活的认知度明显降低，在对事物进行判断时较为困难，且自理能力明显降低；

第三阶段为重度失智阶段，患者进入严重失智状态并无法独立活动，记忆力完全丧失且生活完全无法自理，病情发展到后期会逐渐导致患者昏迷直至出现各类感染而死亡。

不过，这种过程会经过很长一段时间，它给予我们包括患者以足够的时间去应对。比如，阿尔茨海默病虽然在早期近事记忆力受损，但其远事记忆还可以被唤起。他们大脑中首先出现退行性病变的部位影响了他们的短期记忆。他们会不断重复地讲一个故事，会不记得早餐吃过什么，会忘记了儿子昨晚来看过自己。当你问他们早餐吃了什么时，他们会说"我没吃早餐呢，你能给做点什么吃的吗"；但如果换成询问远期记忆，比如问他们早餐喜欢吃什么，麦片还是煎饼？他们能聊上半天，但就是不会聊刚才吃过什么。

当你和他们说，"我听说你儿子昨晚来看你了"，他们通常会这样回答，"我都好几个月没见我儿子了，他在哪"。而如果换成询问远期记忆，说"他是个非常好的孩子，有着和你一样的棕色眼睛，你一定很为他骄傲"，我们便能帮她找回对儿子的记忆。

我们可以借助对远期记忆的唤起，既能给患者带去快乐，也能让他们沉浸在曾经的美好时光，消除失智症带给他们的孤苦与无助。因为，当他们被唤起某种远期记忆时，他们会反复地讲他们的故事，这大概是他们最快乐的时刻。"我最好帮他/她记住这个故事，因为随着他/她的病情不断进展，他/她可能有一天连故事都不会讲了"。你要知道，这些让听者几乎"有点烦"的故事对这些老人来说却是十分珍贵的。①

---

① 〔美〕乔琳·希瑞奇. 他们从未忘记你［M］. 王佳婉译. 北京：华文出版社，2014：5.

（2）失智是一个由复杂到简单的智能丧失过程

众所周知，人的智力的发展是由简单到繁杂，由低级到高级的发展与进化。显然，退化自然与智力的发展路向刚好相反。通俗地说，越高级、越发达及越复杂的认识能力退化越快、越早。

最早表现为无法同时进行一件以上的事。正常的人可以在下意识里同时并行好几件事情，比如，在准备晚餐时，一边煮饭、一边切菜、一边听音乐甚至跟别人说话。但对于失智症患者而言，一边煮东西便无法去切菜；无法一边听音乐一边在电脑上发邮件；无法一边看电视一边吃饭，否则，不但电视节目的内容没有办法看进脑里，就连饭菜味道也都不知道了。

阿尔茨海默病往往是从复杂的心智活动中开始退化，因此，当患者处于失智进程中时，我们对生活事务的安排应逐步降低其复杂性，不能一步到位，否则反而会令其过早丧失心智并产生对他人与外界的依赖，事情的安排由难到易由患者自己去处理，尊重患者自己的选择。同时，也应该尽可能引导患者多做些益智活动，以达到延缓失智进程的目的。

同样道理，人际关系复杂的社交场合，患者的社交能力最先丧失，慢慢退缩到简单的人际关系，直到最后连家庭成员间的交流沟通能力都丧失了，亲人之间仅靠类似血缘亲情关系来维持。这就要求在失智症照护中要注意社交安排。

个人独立和环境照护两者的关系必然随这一进行曲线的进行而逐渐变化：个体心智能力逐步丧失也就在客观上需要他人的照护跟进，直到最后连简单的心智都开始丧失时，那么，也就是患者个体对周围世界的认知完全失去的时候，完全依赖他人的照护。

（3）失智是一个由后天到本能的人性丧失过程

失智症患者的生存生活能力丧失过程遵循由后天到先天的规律，其实质上就是一个跟个体自孩童时期的成长逆向的运动：个体是由本能接受文化而逐步成人，而失智症恰恰是从文化逐步退行到本能状态。亦即其人性方面渐失的过程，包括他/她的社会生活与情感生活。那些文明礼节、荣辱尊卑等都会渐次丧失，最后只剩下本能，而当到这种本能都丧失时，生命便抵达尽头。这也正是最令人深感悲情的方面。

日本有一本关于失智症的小说《恍惚的人》，书中曾描述过一位总是尖酸刻薄、欺负儿媳妇的老人在患上失智症后却对这个儿媳妇百依百顺。就在婆婆去世当日，公公首先想到的是找她要吃的，自此以后，公公对她百依百顺、百般依赖。有一次她跟儿子敏聊天时，坦言自己还不习惯公公的态度转变，还没有完全把握爷爷的脾气。不过她说，爷爷简直变回了小孩子，以前整天劈头盖脸地训斥人，还爱唠叨自己的病。跟原来比，现在侍候他起来总算轻松了不少。她儿子敏则说，"与其说像小孩子，不如说像动物。"他说，动物很容易记住给自己喂食的饲主，并以此来解释爷爷对儿媳妇的依赖关系如同退化到本能的动物状态。①

在人际关系中，失智症患者常常是丧失掉了社会的礼节规范，很大程度上由本能支配。从忘记礼节到不守规则，再到无礼行为，乃至在公共场合不恰当的性暴露、裸身均表示失智症患者社会生活能力的丧失总是先期出现的，到后来则是本能的逐步丧失。

这也就告诉我们，无论患者还是家人皆可以趁病情还未令其完全丧失人性的时候，珍惜家人与患者相处的时光，好好地并努力地活在当下。对照护者家人而言，我们在患者病程的每一阶段的爱心守候都是对患者人性的挽留。即便到了最后阶段，我们也会找到恰当的方式使我们的照料依然有效。

我们关注失智症患者的生活，往往会发现回归婴儿本能状态是失能的最后程度。以丧失进食能力为例，《假如我得了失智症》一书曾记述一名高龄失智症患者的故事。

有一个重度失智的97岁的陈老太太，"最近开始喂食困难，喂食时嘴巴常不张开，牙齿咬得紧紧的，她的儿媳得耐心地劝导、等候，趁她

---

① 〔日〕有吉佐和子.恍惚的人［M］.李炜译.海口：南海出版公司，2011：98.

不经意张口时，用小汤匙赶快把食物送入，老太太会自动咀嚼而咽下。虽然儿媳妇精心搭配营养餐食，但因吃得太少，老太太仍一天天地消瘦，家人担心之余，实无有效之策。有一次，儿媳妇试着让老人手握汤匙，虽然拿不稳，也无法把食物送到口中，但她的嘴巴却张开了。更有趣的是把香蕉拿到老太太的嘴唇前，她的牙齿依旧紧闭，但把香蕉放在她手中，她的嘴巴就自然张开，儿媳妇趁机扶着老太太的手，顺利把香蕉放入其口中。家人非常兴奋，认为发现了一种喂食秘招。其实，这是一种原始的张口反射，在初生婴儿的手掌（一边或两边均可）施压，婴儿的嘴巴会反射性地张开，这个现象由俄国学者巴布金于1953年发现，所以称之为"巴布金反射"。当婴儿的大脑逐渐成熟，这种反射现象会受到抑制。约在4个月大时消失。但当脑伤或大脑退化到某种程度时，大脑的抑制作用丧失，张口反射会再度出现。[①]

2. 药物治疗

失智症是一种疾病，自然需要药物治疗。当然，首先要明确我们治疗失智症的主要目的是什么？失智症既不同于一般生理疾病，也不同于一般精神疾病，而有其独特的病理依据，即不可逆转性。因此，治疗的目的必须明确。总的说来，失智症治疗的主要目的在于，一是阻止和延缓失智病情的进一步加重（而不是消除）；二是减轻失智症病情的程度，使患者的记忆力有所好转；三是抑制和逆转失智早期的病理性改变，以期治疗失智疾病；四是提高失智症患者的生活自理能力，提高他们的生存质量，减轻家庭和社会负担。

因此，作为治疗的重要组成部分，药物治疗失智症分两个层面，一为病因的治疗，二为症状的治疗。在总体上则又可分成3类。

（1）阻止恶化或改善病因的治疗

这主要是针对血管型失智。目前对血管型失智缺乏有效的治疗措施，

---

① 王培宁，刘秀枝 . 假如我得了失智症［M］. 北京：华夏出版社，2016：123-124.

但血管型失智是目前唯一可预防的失智类型。因此明确血管型失智的危险因素，针对危险因素采取措施具有重要意义。现已证实，脑卒中是失智的一个重要危险因素，伴有脑卒中患者的失智患病率比同龄人群要高很多。

控制诱发因素为预防血管型失智之关键，临床应积极控制高血压、糖尿病、冠心病，控制高血脂、肥胖、吸烟，以及纠正患者高盐饮食、高凝状态等，以减少脑血管疾病的发生；对有血管型失智危险因素的高危人群早期进行记忆及智能测定，以便尽早发现、尽早干预。

治疗策略主要为防治引发脑卒中反复发作的心脑血管危险因素，应根据病人不同病因和病情，采取相应措施，包括降血压、控制血糖、降低血脂、改善心肌供血、抗血小板等，给予改善脑循环、促进脑代谢等药物，其中控制高血压对预防血管型失智极为重要，钙拮抗剂、叶酸、维生素 B12、尼莫地平联合甲磺酸二氢麦角碱、加兰他敏对于改善认知功能也有效。同时对患者加强功能训练、行为训练等康复治疗，可延缓、阻止其失智的加重及改善血管型失智的症状，有效降低血管型失智造成的患病及致残率。

（2）根治病因的治疗

对部分失智症的治疗可视为病因的治疗，包括脑内肿瘤（包含硬脑膜下血肿）、水脑（正常压水脑、阻塞性水脑）、代谢性原因（肝肾功能衰竭、内分泌失调、电解质不平衡）、营养失调（维生素B1、维生素B12、叶酸等缺乏）、中毒（药物、金属、酒精中毒）、脑部发炎（神经性梅毒、隐球菌脑膜炎）、功能性精神病（抑郁）、感觉器官障碍（失明、失聪）。若是这些病因所引起的失智症，对其病因施以治疗，失智症的症状是可能可以恢复的。有两种情况的失智是可以治愈的。

①病因为抑郁症的失智。抑郁与失智有密切关系，大量研究提示抑郁和失智相关，其相关机制涉及多个方面：首先，失智患者常有抑郁症状；其次，抑郁可能是对早期认知缺陷的反应；再次，抑郁可损伤认知功能导致假性失智；最后，抑郁可能是失智的早期表现或者危险因素。

随着快速老龄化社会的到来，深入理解抑郁和失智的关系就显得尤为重要。约20% 阿尔茨海默病患者罹患抑郁症，约 50% 血管型失智患者伴有抑郁。显然，抑郁症并非不可治愈，相关失智症的治疗不妨从对抑郁症的治疗入手。

②颅内积水（NPH）引发的失智症。在日常生活里，有个"老糊涂"的贬义词，被人们认为是人老的正常现象，或是简单认为这是不可逆的"老年失智"。实际上，有些所谓的"老糊涂"实际上是NPH而引发的病症。NPH病人通常表现为特有的三联征：步态不稳、记忆力障碍和尿失禁。通常缓慢起病，逐渐进展加重。因其病症中有失智、痴呆、尿失禁等阿尔茨海默病的常见表现，一般很容易把此病症归为不可逆的"老年失智"。

医学专家指出，NPH是一种成人的慢性脑积水，多发于60岁以上的老年人，近年来有年轻化趋势。由于大众缺乏对这方面知识的了解，目前的就诊率很低，很多患者很遗憾地与原本该有的幸福晚年擦肩而过。其实NPH很容易辨别，通常去医院做一个脑部CT就能轻松筛查。专家同时强调，NPH是可治疗的，一般来说，诊断越早，治疗成功的机会就越大。[①]

（3）针对症状的治疗

作为一种退化性的失智，阿尔茨海默病、路易氏体型失智症以及额-颞叶型失智症均是不可逆的，在病因上，目前的医疗科技仍无法对其进行有效治疗，药物治疗旨在缓解与延缓症状而非根治。

临床上被广泛采用的盐酸多奈哌齐片，能提高衰退的海马细胞的活性最长可达到近10个月。应该指出的是：该药物虽然可以延缓失智症主要症状的恶化，但对推迟及阻止脑细胞的死亡没有效果。对症的治疗药物现在还在研发之中，在不远的将来也许疫苗疗法可能成为现实。

---

① 珏晓.老年失智等于阿尔茨海默症吗？［N］.人民日报（海外版），2013–12–06.

3.护理干预

对失智症而言，任何药物延缓必须结合护理、照顾才能真正产生效果。实际上，延缓失智症状的进行性退化，取决于诸多内外环境因素，包括个体身体状况、家庭环境与社会环境。

除了医生开具药物之外，还有如下方法可延缓病情恶化。

（1）阳光治疗

光线对人体具有相当大的作用，一是可以稳定情绪，减少抑郁的发生；二是可以帮助调整大脑生理时钟，使人体作息趋于规律。

在北欧国家因为冬天阳光不足，产生了所谓的"季节性抑郁症"，因而必须用灯箱来对抑郁症患者做治疗。显然，在我们国内，光线充足，必须充分利用。失智症患者每天固定接受阳光的照射有助于情绪稳定，减少日夜颠倒的现象。

但请注意：不要选在正午晒太阳。

（2）社交疗法

团体的社交互动，可帮助患者与他人建立友谊，以满足患者的人际需求。当他在与别人讲话的过程中，对方的倾听会让患者觉得被欣赏与被肯定，觉得自己很有价值。

不过，社交疗法的运用需要注意患者的自身状况。"应该让失智症患者尽可能多地参与社交活动，以此来减缓认知功能减退"。这是没错，但还需注意，当患者不愿意参加社交活动时，不应强迫其与人接触。比如，见亲戚、老朋友、老同学，参加聚会、聚餐等，亲朋好友往往会"热情"地考验"失智者"："还记得我吗？""我是谁？"从生理上讲，社交活动的确被研究证实有助于刺激大脑功能区，从而有利于延缓认知功能退化的进程。但是，患者心理上的感受同样重要。过多地暴露在"陌生"的社交环境中，只能让患者显得"无能""尴尬"，自尊受损，让他们更加容易受到抑郁、焦虑等负面情绪的影响。他们可能会表现出极度的社交上的退缩、易怒等。正确的方式应当是保持安全的社交互动模式，与失智病患者互动的人应当首先与他们建立信任，给予他们安全感，而且人不要太多，不要暴露在陌生人的目光下。

有一种非常有趣的现象，阿尔茨海默病患者和同类住在一起要比和一个脑功能正常的人住在一起开心得多。和脑功能正常的人住在一起，他们免不了会受到指责、拒绝和冷漠。而在照护机构的特护病房，有时你会发现三个阿尔茨海默病患者在一个房间内，可以分别做不同的事情，而且谁也不会被其他人打扰，更有趣的是两个阿尔茨海默病患者可以在完全不理解对方的话的情况下非常愉快地对话，那是因为聊天的内容并不重要，他们只是非常享受彼此的陪伴。其情景颇像两个刚刚咿呀学语的幼儿，他们你一言我一语，相谈甚欢，你就不知道他们表达什么，但这不重要，重要的是他们相处快乐！ [①]

因此，社交干预要达到预期效果，其前提是处理得当，运用得当。

（3）运动治疗

患者到后期会变得很被动，一天到晚坐在椅子上打瞌睡，白天睡太多，晚上就会睡不着，四处游走。适量的活动能消耗患者多余的体力，有助于患者夜晚的安眠。建议视患者体力，每天安排至少30分钟温和的运动，如散步、做体操等。

研究证实，运动对于65岁或以上的老年智能障碍或失智症患者，有改善其体质、认知功能以及行为问题的效果。每天运动20分钟，半年后有运动的组别会比没有运动的组别在阿尔茨海默病认知功能检查量表（ADAS—Cog）的得分高出2分，很值得患者与家属一起努力。

（4）怀旧疗法

我们不能把失智症患者的短期记忆找回，但我们可以通过他们熟悉的东西唤起他们的远期记忆。正是基于此，怀旧疗法成为基于"生命回顾"理念发展而来的专门治疗失智症的特殊疗法。最早使用怀旧疗法治疗阿尔茨海默病患者可追溯至 20 世纪 80 年代，具体的操作是借助音

---

① 〔美〕乔琳·希瑞奇. 他们从未忘记你［M］. 王佳婉译. 北京：华文出版社，2014：86.

频、视频、相片等逐渐勾起患者的过往记忆。近年来怀旧疗法逐渐被世界各国应用于阿尔茨海默病患者的治疗中，取得了令人满意的疗效。

怀旧疗法能够改善患者的认知能力，认知能力损伤是阿尔茨海默病患者最为核心的临床表现，对于阿尔茨海默病患者而言，远期的记忆相对保存完整，受损严重的记忆阶段主要集中在患病初期以及治疗近期等。怀旧疗法可以重复不断地唤醒远期记忆能力，不断加强患者的思维活动，长时间的指导和训练则可以帮助患者将受损记忆找回，在此过程中其认知功能也会得到一定的改善，避免病情的持续恶化。同时，怀旧疗法能够缓解患者的不良情绪。研究发现，抑郁是诱发老年失智的单一因素，因此在治疗过程中需要针对性的调节患者的情绪，缓解其抑郁状态。

怀旧疗法让患者被重视、被尊重、被理解、被认同，同时帮助患者自我认知和了解并逐渐从失落、绝望、悲观等情绪中解脱出来，情绪逐渐稳定病情也随之好转。同时，怀旧疗法能够改善患者的生活质量。阿尔茨海默病患者前期经受难以忍受的挫折和痛苦，在发病后行动不便、生活无法自理，所以生活质量明显下降，怀旧干预方法能够促进患者的心理、生理的健康，病情在好转之后患者的生活自理能力得到改善，因此生活质量得到提升。

当然，有效采用怀旧疗法，必须搞好怀旧情境的设置。

（5）"身·心·社·智"多元化干预

①身。为了维持长者的身体功能，健体运动是不可或缺的。一份总结30项研究的文献发现，持续地每星期最少一次、每次最少20分钟的有氧运动或强化运动，能提升失智症患者的身体功能和认知功能。因此，"长者益智学堂"提供不同健体运动，包括爱笑瑜伽、八段锦、赞美操、气功及"你是我的花朵"坐式舞。

此外，"身"方面的干预亦包括营养，有研究提出营养与认知衰退速度有关联。因此，"长者益智学堂"提供不同颜色的水果及健脑小食，如干果、果仁等，让学员吸收不同种类的营养，增加脑部养分及提升免疫力。

②心。长者的情绪健康与认知衰退被认为能够互相影响，维持长者情绪健康和自我形象，减少抑郁以及建立成功感，既能提升他们的生活质素，亦有可能减慢认知功能的衰退。"长者益智学堂"透过各种不同的表达性活动，例如音乐、艺术、园艺等，让学员循不同途径表达自我，例如喜好、性格、能力、优点等。同时，工作人员会适时给予赞赏以肯定其成就，以及确认其想法和感受。

③社。由于身体及沟通能力下降，失智症患者的社交机会往往较少，其社交需要亦较少成为护老者提供护理时的首要考虑。"长者益智学堂"以小组形式进行，并透过欢迎歌、再见歌、小休时闲谈、缅怀等活动，鼓励长者多与其他学员互动，增进他们互相认识、彼此支援的社交机会，使他们享受社交生活。

④智。英国的国家健康与临床卓越研究院以及卓越社会照护研究所于2006年制作了一份临床指引，该指引建议每位失智症患者均应该得到参与认知刺激活动小组的机会，透过进行不同的小组活动，除丰富社交生活外，亦能提升认知储备，有助于保持参加者各方面认知能力。认知刺激活动有三个重点：提供多元化活动让长者们运用他们各方面的认知能力；长者能够投入并享受活动当中；一般于小组模式下进行，以增进社交机会。"长者益智学堂"提供多元化认知刺激活动，包括现实导向、缅怀、音乐、艺术、园艺、游戏、健脑操等，让长者们于不同媒介中运用认知功能①。

无论老年失智症患者的病程进展到哪个阶段，都会有呈现单调甚至支离破碎的情感表现。与患者进行各种层次的情感交流，能够帮助患者保存现有的情感体验和对自我认识意识的延续。护理人员应多和患者进行情感沟通，倾听早期患者已经失去逻辑的话语，陪同患者进行生活能力的训练，与患者进行近距离的身体触摸如握手、抚摸等，能使患者身

---

① 李秀霞.多元化干预活动与失智症［J］.中国社会工作，2017（2）（中）.

心处于最佳的轻松状态，巩固患者的认识能力，并能提高护士思想境界，进行心灵的洗礼。

对早期失智症病患进行加强记忆的干预，鼓励其回忆往事。指导家属经常性地与患者提起并讨论当年记忆深刻的往事和令患者骄傲的旧事。如翻看以往的相册、信件。鼓励患者给亲人写信，写数字和家庭电话号码等。耐心细致地教患者重新认识已经遗忘的常识并给予表扬，是一种愉悦舒心的填补记忆空白的方法。

轻、中度的失智症患者仍有一定的日常生活能力，护理人员或家属除了给予适当的日常生活指点外，应鼓励并指导患者自行进行其日常生活，如刷牙、洗脸、吃饭等。单一动作反复进行耐心训练，坚持一段时间后患者基本能学会自理。而对于重度或卧床患者，应尽量让其有进行日常生活的能力训练。不论是情感思维还是生活能力，都要给患者创造能动的机会，抓住残存的生活自理能力。失智症患者的记忆看起来像是消失无踪，但事实上并不是这样的，他们只是把可以从记忆箱子里取出记忆的钥匙弄丢了而已。

第三章

失智症患者的自我拯救

失智症虽然有着衰老的一系列表征，但却不是一般的自然衰老，无法令人悠然老去。然而，失智却有着漫长的疾病前期，它又给予人以足够的时间去进行自我更新。因此，将失智症理解为一个长期的生命进程，这样的话，面对无情的病魔，能够为生命挣取主动的还是个体自己。因此，防患于未然从而远离失智，培养清醒的病识感以避免束手无策，爱在当下、活好每一天并早做安排是失智症患者的自我拯救之道。

一、预防是第一要义

作为一种器质性疾病，在阿尔茨海默病患者的大脑中，老人斑是最显著的病理特征之一，通过近年来开发的淀粉样蛋白PET成像分析人脑内积累的老人斑发现，认知功能障碍症状出现前的10~15年，就能明显看到老人斑的出现，因此老人斑被认为是阿尔茨海默病发病过程中的最早期病变。在某种意义上可以说，失智症的病程自相关的病理变化在大脑内出现时，就已经出现，此病程在十多年间于大脑内持续行进并逐渐恶化，直到最后疾病症状显示，此时，已是许多年积累的结果了。我们一般所谈论的失智症状只不过是这一长期病程的最终结果而已。这就告诉我们，我们有足够的时间进行预防，譬如说，许多健康益智的活动及生活方式本身就是对失智症的预防。

1.失智可以预防

如果将上面谈到的过程看作是某种结果，那么，这一结果显然又是更早的一系列原因所导致。国内外的研究表明，当个体初次发生认知功能下降（即出现失智的症状）的时候，大脑的神经退化和血管损伤已经积累了几十年，但这期间失智症的症状没有显现，因此，当事人及家属无法及时发现失智症。

以阿尔茨海默型失智症为例，患者在出现症状前的二三十年大脑就有"毒性蛋白"的积淀，如β-淀粉样蛋白、tau蛋白，并且已出现大脑萎缩、信息传递障碍等变化。但是，这几十年的时间却是我们预防失智症的最佳时机。我们可以通过多种方式延缓大脑退化和血管损伤，从而预防或延缓失智症的发生。试想，一个老人在75岁时被诊断为失智症，而如果我们在此之前通过积极预防，那么这位老人是否会延期迟到80岁发病，甚至到最后死亡都没有发病呢?

此外，最新研究表明，海马体区域的神经元有再生功能。虽然这一区域的神经元再生功能不是太强，再生的几千个神经元对浩如烟海的大脑而言只能算"沧海中的一滴水"，但是这"一滴水"却给我们预防失智症带来了希望。当个体接受任务刺激，尤其是有一定难度的任务时，这些再生的神经元就可以被激活，加入到大脑的神经网络和环路中，从而提升人的认知能力;如果个体没有积极动脑，那么大脑就会认为这些再生的神经元没有用处，这些神经元就会逐渐死亡。因此积极动脑、接受挑战是促进海马神经元数量增多和功能增强的动力，从而为预防失智提供了大脑物质基础。

2.失智有迹可循

虽然失智症病理发展过程隐藏而漫长，但总的说来还是有其内在的原因。导致罹患失智症的危险因素复杂多样，但不外乎如下几类。

（1）遗传因素，年龄因素，性别因素[①]

这些属于不可控因素。老年失智有家族遗传倾向，因此父母或兄弟中有老年性失智症患者，本人患老年性失智症的可能性要比无家族史者高出几倍。从遗传的角度来看，失智症可分为家族性失智和散发性失智。家族性失智的患者一般发病年龄较早，大概在50岁就有发病的，是常染

---

① 张露莹.糊涂的老人:解读老年性痴呆症［M］.西安:陕西科学技术出版社，2012:
23.

色体显性遗传。这种家族性失智一般在家族中代代相传，每一代人中约有一半的人会患失智病。另外的大部分失智症是散发性失智。散发性失智是指家族中没有呈代代相传的发病现象，但是家族中有散发性失智患者的老年人，其发病率仍然高于家族中无散发性失智的老年人，一般会高出3~4倍。

相关统计数据，失智症患病率显示女性高于男性。很多研究都显示，患失智的老人中女性患者多于男性，而且女性的患病率是男性的2倍多。一般认为，这种情况的原因是多方面的。因为女性的寿命比男性长，我们知道，老年失智的发生与年龄关系很大，年龄越大患病率越高，所以在女性中的患病率就会较高。

（2）成长及生活环境因素

一些研究发现，失智症与周围环境有关，研究资料显示：失智症与居住地、经济情况、文化水平及工作情况等都有一定关系。多数研究表明，农村地区的失智症发病率比城市地区的高；更有人发现，虽然同在城市，他们孩童时在农村长大的也比在城市长大的人更加容易发生失智。可见生长环境对失智症的发病有着相当大的影响。这可能和农村的经济水平比较低、从小受教育的水平低以及文化娱乐、保健意识少有关系，而这些又是老年失智发病的危险因素。

接受过正规教育的人其发病年龄比未受过教育者可推迟7~10年。流行病学研究显示，低教育也是阿尔茨海默病的危险因子。重金属摄入者，随饮食或呼吸进入体内的有害元素比如铜、汞和铝也是老年失智症的诱因。部分早期病患因为是家中的主要经济来源，而且子女可能未成年，甚至还在求学，因而，身体健康状况堪忧，导致身体炎症性、代谢性及免疫性和其他可治疗疾病延误，终致失智，比如，血管性型失智、额－颞叶型失智。

（3）精神心理因素

长期情绪抑郁、离群独居、丧偶且不再婚、不参加社交活动、缺乏体力和脑力活动等社会心理因素也易致老年性失智症。社交孤立状态一定程度上影响大脑使身体"平静"下来的区域，或者使之处于高度警惕状态。其催生的激素变化会影响其血压、血管的弹性，以及炎症，这是一个心脏疾病的关键潜在原因。

大量研究提示抑郁和失智相关，其相关机制涉及多个方面。首先，失智患者常有抑郁症状；其次，抑郁可能是对早期认知缺陷的反应；再次，抑郁可损伤认知功能导致假性失智；最后，抑郁可能是痴呆的早期表现或者危险因素。

目前，多数研究证据认为晚年抑郁和失智风险相关。现在年轻人和中年人抑郁发病率高，而失智症要经过很长的临床潜伏期，因此研究早年抑郁有助于在失智前期确定抑郁和失智的风险关系。近期在美国人群中开展的研究表明，早年抑郁或者早发抑郁症和失智发生的风险显著相关。

抑郁和失智相关的机制：抑郁的疾病过程和失智的特异性神经病理表现具有相似的机制，这些机制包括：①血管性疾病；②糖皮质激素的变化和海马萎缩；③β-淀粉样蛋白沉积增多；④炎症改变；⑤神经生长因子缺乏。既往的抑郁病史是已知阿尔茨海默病的高危因素，而抑郁症也是阿尔茨海默病一种重要的临床表现。

（4）生活方式因素

不良的生活方式与习惯对失智症低龄化有不可低估的意义。据阿尔茨海默病专家肖世富分析，城市竞争压力加大，嗜烟酒、情绪抑郁、独居、环境污染等因素都容易诱发阿尔茨海默病，应酬族中常见的高血压、高血脂、高胆固醇、糖尿病和中风、甲状腺功能减退等疾病低龄化趋势也促使其向四五十岁的人群蔓延。所以，50岁以上的高危人群最好每年都进行"记忆体检"，以便及早发现，及时治疗。

（5）血管因素

这类因素与血管型失智相关，属于可以有效预防的一类。应对之道是多运动、多从事休闲活动、清淡饮食，并积极治疗高血压、糖尿病、高脂血症和老年抑郁症等疾病。

脑血管病也是老年失智较为常见的病因。最常见的有多发性脑梗死性失智，是由于一系列多次的轻微脑缺血发作，多次积累造成脑实质性梗死所引起。此外，还有皮质下血管型失智、急性发作性脑血管型失智，一系列脑出血、脑栓塞引起的脑卒中之后迅速发展成失智，少数也可由一次大面积的脑梗死引起。

血管型失智因血管病导致脑梗塞造成失智，包括高血压性脑血管病。失智可发生于多次短暂性脑缺血发作或连续的急性脑血管意外之后，个别也可发生在一次严重中风后。梗塞灶一般较小，但效应可累加。一般在晚年起病，包括多发脑梗塞性失智。

英国2011年对衰老现象和认知功能进行的一项调查研究中，对450多位失智症患者的大脑进行了研究，其中4/5的大脑确认有血管病变，而在几乎所有的大脑中都发现了β-淀粉样蛋白斑块的存在。科学家们因此怀疑，血管病变是否加速了淀粉样蛋白的病理损害。这一研究还发现，3/4患有老年失智症的人，其大脑也显示有血管病变，其中一些年龄最老的患者同时还出现了明显的淀粉样蛋白斑块[1]。

3.失智年轻化趋势

过去称"老年痴呆"，是说失智症多发于老年期。但目前已不是老年人的"专属"，失智症不断趋于年轻化，四五十岁就被诊断为失智的人，数量也在逐年增加，而且似乎有扩大趋势。

所谓年轻化趋势，一是相对习惯用法而言的年轻化。由于国际卫生组织将老年规定为65岁以上，所以研究者把65岁以前的发病者称之为"早老型失智症"，而65岁之后发病者称之为"老年失智症"。再加之在习惯上，人们对失智症长期以来称之为"老年痴呆症"，直到"痴呆"一词因贬义而弃用，但"老年"似乎成为对失智症的年龄界定与认可。客观上，由于阿尔茨海默病的发病率随年龄的增长而增加，加上全球的人口老龄化现象日趋严重，因此，影响范围很大，老年失智症也受到重

---

[1] 方陵生.痴呆症：当今时代的医学难题［J］.世界科学，2011（9）.

视。相对而言，65岁前的人口发病率较低，人群较少，也就不易引起注意。

二是实际发病年龄的年轻化。实际上，早在1906年第一例阿尔茨海默病被发现时，患者才51岁，还很年轻。近年来，因为失智症医疗团队和民间团体的科普、媒体的报道与民众医疗知识的提升，让病人开始愿意到医院就诊，也使一向被忽略的"65岁之前的失智症"逐渐浮出水面，受到应有重视。从而，随着人们的警觉性和就诊率提高，以及医生的诊断率提升，"年轻患者"相应增加。相对65岁以上的人口约5%有失智症，英国的一项流行病学研究估计，在30~65岁的人口中，每10万人中有54位罹患失智症。①

国际老年失智症协会调查数据显示，老年失智症发病年龄已由原来的65岁提前到55岁，一位三甲医院神经内科医生告诉记者，他还碰到过刚40岁出头的会计师等低龄患者，而根据一项统计，知识分子在患者中的比例已上升到35%。②

有调查数据显示：天津、上海、广州等大城市，20年间老年性失智症患者平均年龄由65岁提前至55岁，"年轻"了10岁。专家解释，这可能与饮食、压力及环境污染有关，大量饮酒会影响大脑；而长时间的压力过大也可能导致老年失智提前出现。此外，现在高血压、血脂异常病人越来越年轻化，这也在一定程度上导致失智的提前。③

与阿尔茨海默病有关的淀粉样斑块和神经元纤维缠结病变，在病人20多岁就已开始在大脑内堆积，且逐渐增加、扩散，等到大脑不堪重负、无法代偿时，就出现失智症状。因此，预防阿尔茨海默病必须从壮年就开始。

———————

①　王培宁，刘秀枝.假如我得了失智症［M］.北京：华夏出版社，2016：44.

②　孙云.老年痴呆症呈年轻化趋势　失智人群期盼得到专业护养［N］.新民晚报，2010-12-09.

③　李琪.很惊人！我国老年痴呆患者已超千万［N］.三湘都市报，2018-10-20.

4.预防从大脑开始

大脑也遵循"用进废退"的生物学法则。身体健康源于体育锻炼给身体注入活力，同样道理，大脑的健康需要认知活动来为大脑细胞注入活力，这即是智能储备。既然失智症是一种大脑器质性疾病，那么，针对大脑的预防便是第一位的，我们可以从如下两个方面入手：

（1）做好智能储备

认知能力简单地说就是人们的智能水平，我们的智力是可以通过学习提高的。学习越多，大脑得到的锻炼就越多，认知能力就会越高。就像存款一样，如果定期存钱，那么存款就会越来越多，当遇紧急的事情时，或者有一段时间无法工作挣钱了也没关系，手头上有比较多的余钱来支撑我们渡过难关。认知也是这样。我们从小到大都在不断学习、不断积累存储，那么，到老的时候认知能力退化甚至大脑发生退化变性时，也不至于表现出失智症状。因此，父母对孩子应该从幼年开始就进行各种益智活动，让孩子接受尽可能多的教育；在我们选择工作时，尽可能从事复杂的工作。这样，我们的认知储备就会比较多，就可以更好地应对步入老年期后的认知下降趋势。

智能储备可称之为"认知储备"，即透过脑部的训练和使用，让神经细胞间产生更多的联结，脑就更有能力来抵抗类淀粉蛋白沉积的伤害，即便脑退化到相当严重的程度，某些脑能力依然被保存下来[①]。

我们可以通过两条基本途径来进行智能储备。

一是坚持长期主动的认知活动。我们从小就要进行主动的认知活动，即自己动脑筋参与的益智活动，而不是任务式被动的活动。比如，填字游戏、玩扑克、下棋、参加艺术活动（书法、绘画、舞蹈、乐器等）都是很好的益智活动，有利于锻炼我们的智能。需要注意的是，看电视不是主动的认知活动，久看电视（大于2小时/天）会增加罹患失

---

① 〔美〕荷妲·桑德斯.爱我的人也呼吸着我〔M〕.郭宝莲译.新北：木马文化事业股份有限公司，2017：导读8.

智症风险。

二是训练记忆力。美国研究人员日前说，记忆力超常的老年人与普通老年人相比，大脑中tau蛋白纤维缠结更少。盖乌拉等人选取5名去世不久、生前记忆力超常的老年人为对象，对他们的大脑加以研究，将各项指标与普通老年人的大脑情况做对比。结果发现，前者大脑中tau蛋白纤维缠结较少，而β-淀粉样蛋白斑数量与后者差不多，这就保证了大脑神经讯息的传递，从而刺激神经细胞的活力。[①]

（2）锻炼心智的肌肉

通俗地说，就是放松心智、张弛有度，不要总处于高度紧张状态。

我们要保持心智的弹性，避免僵化的、非黑即白的思考模式；以一种游戏的心情，多多锻炼我们心智的"肌肉"；保持与自然的接触；保持新鲜、好奇的赤子之心，保持对生命的热爱。

充分发展心智的感性方面，在一个人不再需要为了生活打拼，或集中心智于逻辑性思考的时候，不妨放下赚钱的重担，开发自己的感性面，致力于某一类的创作，说不定会多出许多平凡素人艺术家，而少了许多失智症患者。

抛弃功利主义价值取向，让心智处于自由状态。长期以来，评价一个人的自我价值，往往建立在他"有没有用"上面。表面上看，时时动脑，常常面对挑战的科学家、艺术家和政治家往往比一般人高寿。他们集中精神致力于当前的创作或工作，根本没"时间"去注意"时间"的流逝、年华的老去。但是，一旦失去工作、失去职位，或失去了荣耀的光环，这些人的脑力似乎没处可用，且情感得不到支持时，很可能渐渐走上失智之路。因此，应抛弃有用无用的功利取向，如同体育锻炼并非是为了参加比赛取得名次那样对待心智锻炼，这是根本的预防。

面对失智症，我们显然还需要各方面通力合作，去发现可能的原因和治疗方式。但毋庸讳言的是，这种病症最适合用"用进废退说"形容，

---

① 美国研究老年痴呆症获新发现［J］. 中华中医药学刊，2008（12）.

而且"预防重于治疗"！开发大脑、运用大脑，这才是真正的预防。

5.健康生活是保障

通常说来，我们可以通过项目来检测是否失智症：睡不好，运动不足，抽烟，饮酒过量，不太吃蔬菜，有牙周病或蛀牙，高血压，糖尿病，独居，不常与邻居往来，常感觉到压力。以上如果符合4个以上属于黄色警戒，建议改善生活习惯；而如果符合8个以上，属红色警戒，请立刻改善。失智症并不是转眼发生，而是花上20~30年慢慢恶化，因此最好从40岁就开始留意。

在著名的修女研究项目中，研究者得出8大预防因子：受教育，多动脑，多运动，多走路，多吃蔬菜，预防脑卒中，思想乐观，积极和正面，维持良好的人际关系。（假如，P194-198）

（1）社交网络大，失智机会小

美国学者一项研究表明，多与人相处对认知功能有保护作用。2008年7月的《美国公共健康周刊》，登载一项对于美国加利福尼亚州2249位平均年龄80岁、无失智症的老年女性所做的追踪研究。在基础点上，除了认知功能等评估外，还对参加者的社交生活做了两项问卷调查，一项是其社交网络的大小，包括每个月至少接触1次、需要时会帮助、可谈心分享秘密的亲友数目；另一项是评估亲友来访、来电或来信的次数。

4年后，共有268位发生失智症。由于年龄、认知功能、受教育程度、身体疾病等都会影响失智症的发病率，把这些因子以统计方式加以控制后，发现与社交网络较小者相比，社交网络大者得失智症的机会少了26%；而与一个星期至少1次社交活动者相比，每天都与人接触者得失智症的机会少了43%。可见，多与人相处对认知功能有保护作用。

哪些社交活动会对认知功能有保护作用呢？社交情况可从3个方面评估：社交活动的多寡、社交支持度以及社交网络大小。社交活动是指参加者在过去1年所从事的6种常见活动的情况，包括在饭店用餐、看体育比赛，旅游，做义工，访问亲友，参加社团活动，参加宗教活动。每五项活动又根据其发生次数的频率分为1~5，例如，"5"是每天发生，"1"是每年1次或少于1次，据此可得到6项活动的平均分数，分数越高，表示社交活动越活跃。社交支持度是指需要时有朋友会帮忙。而社交网络是指参加者一个月至少会见面1次的亲友人数和次数[1]。

虽然在病痛面前并不会因为你年轻时候的成就地位而有所区别对待，但会因为你健康的习惯而保护你远离它。

（2）规律作息，坚持锻炼

规律的作息可以保证充足的睡眠，促进机体功能的恢复，对大脑具有保护作用。阿尔茨海默病患者脑内的老年斑破坏胆碱能神经元，导致认知功能衰退。人在睡眠时，大脑会自动清除老年斑等异常物质，保持大脑健康。最佳的睡眠时间是晚上11点至早上7点，因此，老年人不要熬夜，应按时入睡。

运动需要多器官协作完成，可提高身体机能；适度的运动，特别是有氧运动能加速血液循环，提高大脑代谢及功能。慢跑、快走等都是十分有益的运动，一般以微出汗并且达到"每分钟心跳数=170-年龄"为理想。运动贵在坚持，"三天打鱼，两天晒网"，甚至半途而废都不可取。

运动是维护人心血管健康最可靠的方法，而且在任何年龄都会带来益处。此外，大脑也因此受益。运动会增加血液循环，带给脑更多氧气与营养素，使大脑运作良好。运动也会降低压力荷尔蒙的分泌，增加滋养大脑细胞的化学物质，这些变化都有助于抵抗忧郁症及其他大脑组织可能的损伤。

（3）健康饮食，控制体重

高血压、糖尿病及高血脂等慢病是阿尔茨海默病的危险因素，预防阿尔茨海默病要从预防慢病开始，因此，管理饮食、控制体重是预防阿尔茨海默病的重要手段。首先，要保证三餐，饮食丰富，不要偏食，在

---

[1]　王培宁，刘秀枝.假如我得了失智症［M］.北京：华夏出版社，2016：82-83.

此基础上，多摄入富含氨基酸和蛋白质的食物，如奶制品、肉类及禽蛋类。多吃蔬菜和水果，其富含的维生素B12和叶酸对大脑具有很好的营养作用。适当补充矿物质和微量元素，如碘、锌、钙等。

切忌暴饮暴食，应将体重控制在正常范围内。身体质量指数（BMI，即体重公斤数除以身高米数的平方）控制在18.5~24.9为佳，如果BMI超过28即可能因肥胖而增加罹患各种慢性病的风险。已患慢性病的患者应根据实际情况控制饮食，如糖尿病患者应控制碳水化合物的摄入，以免引起血糖波动。

（4）戒烟限酒，护好血管

吸烟和酗酒均对大脑产生严重的损伤。吸烟可诱发多种慢病，加速血管硬化，形成血管斑块，增加脑卒中风险，若卒中恰好发生在主管认知功能的区域，胆碱能神经元直接受到损伤，患者迅速出现认知障碍。长时间大量饮酒可造成酒精中毒，损伤认知功能，且长期酗酒损害血管，增加卒中风险，可见，戒烟和限酒对大脑的益处不言而喻。

需要说明的是，适度饮酒对人体有益，如红酒具有改善血液循环、抗氧化、甚至保护血管的作用。但切记不可过量，少喝为妙。建议每天白酒不超过1两，葡萄酒不超过2两，啤酒不超过350毫升。

（5）读书看报，保持脑力

受教育程度高的人不易患阿尔茨海默病。英国爱丁堡大学的研究人员发现学一门外语可将阿尔茨海默病的发病时间延迟4年，这是因为年轻时的学习和智力开发对大脑具有保护作用。老年时保持良好的学习习惯对认知功能具有明显的保护作用。多看书、读报，每天努力记住一些新近发生的事情或学习的新知识，让大脑经常处于运动和学习中。还可以打打牌、玩玩字谜游戏等，这些娱乐活动不仅需要良好的认知储备能力，还需调动大脑多种功能协同完成，使大脑处于活跃的状态之中。

（6）多听音乐，驱除抑郁

长期处于压力及应激状态可导致抑郁、焦虑等情绪障碍，也是诱发失智症的危险因素。因此，要保持良好的心态，遇事多与家人、朋友交流，不要背负过多的心理负担。音乐可以影响听觉，进而刺激大脑皮层兴奋，保持大脑活力，也可缓解压力，驱除抑郁、焦虑情绪，是预防失智症的有效措施。

在失智症的不同阶段，患者可表现出情绪、精神及行为异常的症状，旋律舒缓、优美的音乐可以稳定患者的不良情绪，缓解精神及行为症状。还应鼓励老年人经常跳舞，在跳舞的过程中，要接受音乐的刺激，还要根据节奏协调上肢动作和下肢舞步，并与舞伴进行交流，可见，跳舞可以很大限度地调动多种认知功能，发挥多器官的协调作用，对预防失智症大有裨益。

二、培养清醒的病识感

如果自己不幸罹患上失智症怎么办？

随着老龄化社会的到来，失智症发病率会越来越高，每一个人都有可能成为这其中的一员。如果到那时，我们如何应对？这显然并非一个莫须有的可能。相对治疗而言，作为患者的自我拯救只怕是最为根本、最重要的，也是一个人理性成熟的体现。

所谓病识感，即病人认识到自己身体有异常，且此身体异常与疾病相关，需要治疗并愿意接受治疗的一种对身体疾病状况的自我意识。在失智症的初期，病患的能力尚未明显退化时，一些病患会有对疾病较清醒的自我意识，较会配合并寻求帮忙，也会试着改善脑功能。退化是一个非常慢性的过程，病人的病识感与配合度显得非常重要。此时，除了寻求帮助之外，便是寻求相关知识以改善认知储备；同时，寻求其他方式努力延缓发病。

1. 失智症的十个警讯

国际公认的老年失智症早期有如下十种症状。

第一，影响日常生活的记忆力产生障碍。

第二，不能完成熟悉的任务，甚至连长年养成的做饭习惯都忘了。

第三，语言障碍。无法理解复杂的字句，在词汇的运用上出现困难等。

第四，对时间、地点搞不清。忘记现在是何年何月、白天或晚上，找不到回家的路。

第五，判断力下降。失去对金钱价值的判断力，过马路不看红灯等。

第六，忘记数字代表什么意思。常用药品放错地方。

第七，行为及情绪改变。情绪和个性产生改变，情绪变得失控等。

第八，性格明显改变，多疑、糊涂。

第九，缺乏生动性。反应迟滞，表现呆板。

第十，对日常生活不感兴趣。

2. 警惕偏见，消除误区

人们对失智症的认识远不如对其他疾病的认识，况且很长时间内人们不将失智症视为正常疾病，所用的描述词汇全是歧视性与非科学的，自带各种偏见，也就难免在如何对待和治疗失智症的问题上产生许多误区。这些偏见与误区又往往成为失智症患者的自我认同与建构，从而导致自我陷入误区和困境。

（1）有两种"正常化"策略须辨识

大部分人不认为老年失智是一种病，认为就是老糊涂了。更有部分早期患者或家属有耻感，认为失智就是"傻了"，不愿让人知道。社会上对于失智症的偏见，以及错误的看待，即使是被诊断出患有失智症的人也都深信不疑。这种双重的偏见，夺去了失智症患者想要与疾病共存的力量，也掩盖了他们活下去的希望。

在那些患有慢性病且认为患病对自己没有造成影响的老人中，暗含着一种"正常化"的应对策略。研究者发现慢性病患者存在着两种不同的"正常化"策略须认真区分。

一种是以慢性病来对待失智症。在思想和行动上轻视慢性病，没有把自己当成病人，更没有因为慢性病改变自己的生活方式。当人们以这种"正常化"策略去对待失智症时，其后果将是非常可怕的。众所周知，失智症虽然病程时间长，且属于渐进性，其疾病影响表面上似乎很"慢性"，但却与一般慢性病存在本质上的不同，无论是从病理机制还是疾病影响均非同一般。消除这种"正常化"，建立明确的失智症病识感，这正是失智症相关宣传教育应该关注的内容和要达到的目的。

另一种是以有别于其他慢性病的态度对待失智症。只要是自己有明确的认知，且经医生确诊，那么，认真对待疾病，完全遵从医嘱，并为此改变了自己的生活方式。即便还处于极轻度期，也会认真对待，积极准备应对未来可能出现的病程症状。这种正常化策略正是我们所需要并提倡的。它恰恰是当个体被诊断为失智症后，面对失智症的正确选择。

（2）必须消除如下认知误区

①得了阿尔茨海默病，反正是治不好的，就不要那么麻烦了。虽然目前阿尔茨海默病尚无治愈的方法与药物，但是，患者经过综合治疗后会延缓疾病进程，特别是处于症状早、中期的患者，他们甚至可以通过治疗恢复部分功能。即使发病晚期的患者，也可以通过综合治疗提高日常生活能力，延缓疾病进程。因此，发现有记忆减退等症状时，应尽早就诊，规范治疗，以免耽误病情。

②听信广告或他人介绍，认为阿尔茨海默病可以痊愈。阿尔茨海默病是一种神经系统退行性疾病，目前尚无治愈可能。当前治疗的目的是改善和提高躯体功能，控制症状加重，使患者的生活质量提高。某些疾病的症状可能和阿尔茨海默病相似，如抑郁症可以表现为记忆改变，抑郁症状缓解后记忆症状可以恢复。

③失智症就是阿尔茨海默病。阿尔茨海默病是失智症，这没错。但是，失智症是一种疾病簇，除了阿尔茨海默病，还有路易氏体型失智症，额–颞叶型失智症等，这几种都属于退行性失智症，是不可治愈的。此外，还包括血管型失智等可逆转性失智症，这是可治疗的。

④听信朋友介绍，盲目给阿尔茨海默病患者服用促智药物，如中成药、改善脑代谢类药物，等等。目前，国内外治疗阿尔茨海默病的药物主要有：胆碱酯酶抑制剂，如多奈哌齐、卡巴拉汀、加兰他敏；NMDA受体抵抗剂，如美金刚。这些药物均为处方药，有其适应证与副作用，应该在医生指导下选择服用，而不应自行购买服用。中成药对该病的治疗效果还需要验证，改善脑代谢的药物也只是起辅助作用，而非真正意义上的治疗药物，更需谨慎使用。

⑤将失智症与精神性疾病混淆。以精神行为症状就诊，认为只服用抗精神病药，控制精神行为症状就是治疗阿尔茨海默病。

⑥将失智症与一般生理性疾病相混淆。只重视药物治疗，忽视认知促进、运动治疗等辅助的康复训练手段。

⑦忽视失智症的进行性退化实质，认为患者在接受药物等治疗之后，患者应该会变得"聪明"些。

3.保持乐观，从容面对

许多失智症患者当获知自己罹患失智症后，虽然尚处于轻度阶段，但由于先前听闻关于失智症的各种恐怖说法和传言，自内心产生出一种悲观色彩，导致心理上的溃败，还没有被失智症本身所击倒，反而被自己的恐惧心理击倒了，客观上又因为心理上的消极，反而致使失智病情加速，结果自然非常可怕。因此，面对失智症，保持乐观、从容面对非常重要。实际上，只要保持健康和活泼的生活方式，患者仍可以积极对抗病情恶化，并仍然过着正常的生活。

有这样一则故事。失智后的钟太太，一年多前来门诊时，已在神经内科被诊断为阿尔茨海默病，也服用了促认知药物，觉得收效不大，经熟人介绍来这里看看还有什么其他办法。

她当时的病史记录：67岁，主要有记忆较差和由此导致的情绪的沮丧与低落，语言表达、交流和生活自理没有问题，MMSE评估是16分。各项指标显示她属于阿尔茨海默病的轻中度患者。

经过调整药物，给予脑健康指导，同时建议让患者尽可能保持生活常态，喜欢或习惯做的事情可以继续，能参加的同学聚会等活动也尽量参加。经过几次相关的检查和治疗，做了一些非药物干预和调整后，医生觉得后续药物与非药物的治疗只须持续就可以，嘱其一年后再来。

一年后的钟太太依然温文尔雅，比较而言显得开朗许多，诊治过程中不时有笑容。钟先生说，这一年太太记忆力还是不好，但是能做许多家务。他说："我太太已经又可以洗菜、切菜、洗衣服、用洗衣机了，我只要陪伴在旁边。炒菜这些比较有风险的事情我来做，所以我很轻松。"

"我们去小区、去公园活动，也一起去参加同学会，邻居朋友都觉得她比以前好，还问是不是诊断错了呢！"钟先生乐呵呵的，钟太太也笑眯眯地看着先生，表情很自信。

医生给钟太太再次做了MMSE评估，显示15分，和一年前基本一样。也就是说，钟太太的认知能力没有好转，但一年来也基本没有退步。她依然对新发生的事情记不住，对复杂的状况处理困难，但钟太太的生活能力、情绪状态却有了很明显的进步！①

4.早期诊断，积极应对

对老年失智症的早期阶段进行诊断是临床的一个挑战。失智症状的出现具有隐匿性和可变性，使识别该综合征成为一大难题，尤其是在基层医院可以进行咨询的时间有限。此外，医师需要警惕患者隐藏

---

① 李霞.帮我记住这世界：临床医生写给认知症家庭的32个小故事［M］.上海：上海科技教育出版社有限公司，2018：173–175.

他们的症状，在老年失智症的早期阶段，常见的是患者否定自己认知、能力、情绪或行为的任何变化。美国神经病学学会、美国老年协会、美国医学协会、美国基层医师协会等四家权威机构都一再提醒医师要警惕老年人在认知方面的问题，并采取措施确定认知障碍的最早期阶段。

虽然人们已经认识到目前的药物和行为干预无法阻止患者病情的最终恶化，但有证据表明，使用一些药物可使病情稳定和延迟认知、功能和行为衰退的进展，这些结果可能会改善患者的生活质量和他们的家庭生活。因此，基层医师应告知阿尔茨海默病患者和其家人这些药物的治疗效果现实的期望可能是中度的，并可能存在轻度至中度副作用（主要是恶心、呕吐、腹泻）。由于阿尔茨海默病相关的病理生理机制造成的损害被推定为是不可逆的，因此，阿尔茨海默病患者的早期诊断会给他们的家人和朋友提供更好的规划。患者和家属共同参与制订照护计划，以便更好地应对未来出现的神经退化过程。现有的药物在改善疾病病情发展方面有可能给患者提供有益的帮助。此外，最近的研究证据表明，早期治疗会给患者和照料者以及整个社会节约医疗成本。因此，早期诊断的建立和后续开始适当的管理程序可以优化阿尔茨海默病患者的预后。

（1）学会自我观察：如何判断自己患上了失智症

①让你谈及过去的陈年旧事，你会记得清清楚楚；但问你今天吃的什么饭，今天和谁在一起了，你却答不上来。这种情况老年人居多，但现在刚过中年的人有增加的趋势。

②顺手放的东西就找不到了，很快就忘了。如果不是特殊情况，比如着急赶事情，或者有人催你做事情，而自己却心不在焉想着别的事情，你可能记忆力已经衰退了。

③如果你出门，本来很熟悉的环境却迷路了，因辨不清方向而找不到家；或者不知道现在是什么季节。这个就比较典型了，比较严重了。

④努力回忆也记不起亲人的容貌，见面后要等亲人自我介绍，才能

唤醒你的零碎记忆，但表情淡漠。嘴里经常重复同一件事情，刚刚问完"你吃饭了吗？"，没过一分钟还继续问。

⑤对周围的有些事情漠不关心，但又会出现极端、妄想、暴力等行为，对事情表达不明，无法准确表述自己的行为。

⑥如果你还没有到很老的年龄就出现了上述症状，你就要注意了，有可能是你的精神压力大、生活不规律或者你的饮食习惯等因素使你患上了失智症。应该尽早去医院检查。

（2）及早诊断，增加"前临床期"

对失智症的诊断技术到了现代，可以借由新的检查技术，有机会更早、更精确地诊断出失智症。众所周知，对于失智症，药物治疗毕竟效果有限，问题可能在症状发现时就已经太晚了。那么，提前诊断、提早治疗，患者就有机会停留在还没有明显失智症状或轻中度失智的阶段久一点。如前面所提及，失智症的病理变化，可能远在发病前许多年前就已经开始，比如淀粉样蛋白及tau蛋白异常沉淀并产生斑块，脑部分萎缩，这些病理变化在初期并不会明显影响记忆、思考等功能，患者及家属都不觉得有异样。

过去，这些病理变化必须等到患者去世后做大脑切片才能发现，目前已经能用一些新的检查技法提前发现。美国国家老化研究院与阿尔茨海默病协会将失智症的病理变化列入新的诊断标准，病理变化越多，表示越有可能是失智症。有如下几项：

①脑脊髓液的异常生物标记：由腰椎穿刺抽取脑脊髓液，化验其中淀粉样蛋白及tau蛋白沉积时有无异常。

②类淀粉蛋白电子断层扫描：看脑部有无类淀粉蛋白异常沉淀。

③核磁共振造影的变化：主管短期记忆的海马体有无萎缩迹象。

④正电子扫描：脑部两侧颞顶部位的葡萄糖代谢是否减弱。

⑤检测失智症相关基因。

以前诊断失智症主要靠患者及家人的症状描述，难免会有误差。国际上曾有研究表明，如果单从临床症状早期诊断患者有无失智，那么诊断的结果约有 1/3 是错误的。现在用新的检查方式发现脑部病理变化，等于提供更多证据辅助医生精确诊断。

如此一来，因为能及早找出脑部病变，新的诊断标准也有机会将失智症分期增加"前临床期"阶段，表示还没有明显症状，但脑部已经发生病变。因此，患者有机会及早接受药物治疗，并控制相关危险因子（如高血压、高血脂等），也有利于开发新药[①]。

（3）寻求支持

寻求支持与帮助包括两个方面。

一是患者照护的支持。病识感内在地意味着对自己将来处境的预测以及应对这种处境的思维对策，其中就包括寻求来自环境、社会组织及其他人的支持资源，从而建立起日后一旦自己症状进入中、高度阶段后能够有尊严地生活的支持网络。寻求帮助首先是失智者身份的自我认同，并且对他人表明这一身份，病识感的这一层很重要，因为只有当失智症者自己明确身份后外界才能够明确如何提供帮助。

二是疾病治疗的支持。也包括寻求针对疾病本身的治疗的支持，包括医疗信息，诸如新药实验与试用等，以及来自其他患者的相关信息，罹患失智症的病友之间的交流应该是一种很重要的支持，毕竟个体间有许多可以通用的成功经验可供参考借鉴。

虽然目前阿尔茨默病无法根治，药物也无法阻止大脑的退化，但有50%的机会可以让认知功能减退的速度慢一点，而且阿尔茨海默病的药物研发蓬勃发展、日新月异，说不定哪天会有突破，因此需要定期跟踪，与医生保持联系，以得到最新的医学信息。如果有新药临床试验，在条件符合且家人可以配合的条件下，和医生讨论并阅读同意书后，决定考虑参加。毕竟这是个机会，而且新药的试验用药如果没有病人的参与证实疗效，则无法上市，就无法让更多的病人受益。可见，参与试药试验是利人利己的好事。

---

① 张静慧，黄惠如.当爸妈变成小孩：全方位照顾失智老人［M］.武汉：湖北科学技术出版社，2018：71-72.

三、爱，记忆清零前的存盘

人总是一步一步地迈向衰老，对人生的终极问题的理解也在这徐徐缓慢的行进中逐渐明晰。然而，失智症则令人的终极问题以更加尖锐的方式呈现出来——面对生理机能的衰退，记忆的抽离，如何对抗孤独？早在1999年，72岁的马尔克斯被诊断患有淋巴癌。当年他给读者写了一封告别信，其中满怀对生命的眷恋，"上帝呀，如果我有一段生命……我不会放过哪怕是一天，而不对我所爱的人说我爱他们。我会使每个男人和女人都了解他们皆我所爱，我要怀着爱而生活。"2017年9月21日，"世界老年失智日"的主题是"记得我爱你"。

1.爱是最持久的记忆

阿尔茨海默病往往会摧毁患者的短期记忆，却很难拿走他们认知深处的惯习。

央视曾经的一则公益广告让无数人泪目，身患老年失智的父亲与儿子在外面跟朋友吃饭，老人家用颤抖的手拿起桌上的饺子往口袋里塞，儿子生气地吼问父亲，老人口里喃喃自语"我儿子喜欢吃饺子"。

西班牙动画电影《皱纹》描述了一群养老院中身患阿尔茨海默病的老人们的苦境，但却使观众深深感动。这一群记忆衰退的老人始终忘不掉他们最深爱的人：永远找不到电话的索尔太太总在楼道里念叨要给孩子们打电话接她回家；罗莎里奥太太将老人院的小屋想象成东方快车的车厢，坚信自己正在前往爱人所在的伊斯坦布尔；安东尼娅总会把视若珍宝的黄油、橘子酱、茶包之类的东西收起来，攒给自己的孙子；甚至已经严重失智的穆德斯，每当太太多洛丝托在耳边轻语时他便会露出笑容。整部影片都在表达一个主题——爱是最持久的记忆！

一般说来，记忆可以分为短期记忆和长期记忆。所谓短期记忆，是类似于记住"今天的早餐吃了什么"的记忆。这样的记忆，通常会在数小时到数天内逐渐消失。既然会消失，那么就无法成为人们的回忆。这里的关键在于"是否成为回忆"这一点。日本著名记忆大师柿木隆介告诉我们，我们对身边的各种现象的记忆，会被传送到大脑中的一个叫作"海马体"的小型组织内。这个脑组织可是非常重要，要知道，罹患失智症，首先出问题的正是海马体，失智症的初期症状多为遗忘。

外部信息在海马体内会被过滤，保留下来的部分被传递到颞叶的"记忆仓库"。一旦收入仓库的抽屉，就成为长期记忆，也就是说形成了回忆。那么，未被过滤掉而有幸成为长期记忆的内容，究竟是什么样的呢？大体为三种：一是印象深刻的事物；二是意义重大的事物；三是经常反复的事物。我们不妨再思考：在我们的人生中是否有既印象深刻，又意义重大而且反复出现的事物呢？

当然有，那就是爱。

爱是指人主动或自觉地以自己或某种方式，珍重、呵护或满足他人无法独立实现的某种人性需求的一种的情感、价值及行为。包括思想意识、精神体验、行为状态、物质需求等，爱是人的精神所投射的正能量。所以，爱是一种发自内心的情感，是人对人或对某个事物的深挚感情。这种感情所持续的过程也就是爱的过程。爱是认同、喜欢的高度升华。

对于常人而言，爱起源于需求与欲望，当我们尚处于孩童时期或处于情窦初开之时，我们渴望能得到某种满足。在某些特定时刻，当满足我们欲望的特定对象出现时，这一对象便在我们的心灵深处烙下深深的痕迹，并激起强烈而持久的情感反映，这就是爱的体验。依恋、渴望并将对象跟自己的生命融为一体。这种爱较普遍地出现在个体幼年时期，这是一个非常脆弱无力的人生阶段，也是一个异常渴望爱与关怀的时期。来自父母亲人的疼爱与关心，如睡前床边哼着摇篮曲的外婆，讲着睡前童话的妈妈，每次睡时给自己盖棉被的爸爸；每次回到家就给一个拥抱的父亲，还没进门就喊着自己乳名的妈妈；当然，还有每到周末便带回好吃的零食的奶奶和经常带自己去游乐园的爷爷等，这些细节或片断已铭刻在个体幼小的记忆里并伴随着他/她的成长。

少男少女初尝爱情时，所爱之人的付出和关爱令个体获得安全与满足，往往终身难忘。在这过程中，说过的最令她/他感动的话，做过的令她/他开心的事甚至某个举动都会令人牢记一辈子，伴随着似水年华却永不褪去。一句话、一个动作、一个称呼、一个场景，等等，如此深刻地烙在海马体的记忆深处。

因而，真正的爱是深刻的、意义重大且反复出现的，是能够持久永存的记忆。

2. "忆"不容"迟"

德国文学家茨威格对记忆有这样一段描述——记忆很奇特，它既好又坏：它一方面很任性固执，野马难驯，而后则又异常真切可靠，它往往把最重要的人物和事件，把读到过的和亲历过的完全吞入遗忘的黝黑的渊底，不经强迫便稳而不露，只有意志的呼唤才能将它从幽冥中召回。但是，只要捕捉到一点蛛丝马迹，一张有风景画的明信片，信封上熟悉的笔记，或者变黄了的报纸，顷刻，遗忘了的东西就会像上了钩的鱼儿一样，马上从漆黑的深渊里冒出来，既生动又具体，栩栩如生。

失智会带走所有过去的东西，包括爱。失智症则切断昨天与今天、今天与明天的联系，使今天变得如此冷漠与苍白、孤独。但如果我们趁自己还清醒，用一些特殊的方式与形式，将过去的重要时刻、铭心刻骨的爱，深爱的人和事业记录下来，保存下来，或许正是我们从黝黑的渊底打捞那可以牵动已经不太敏感的神经的一丝细线，让荒漠般的世界产生哪怕一瞬间的人性的亮色，同时也为家人亲友提供一些蛛丝马迹，作为一旦自己步入那万劫不复的深度失智时尝试互动的线索。

第一，记录往日的爱，记下我爱你。用文字的方式，将一生中的难忘之事记录下来，当然包括自己职业生涯中最令自己得意的成就。

第二，通过相片、录音或其他数字化方式整理人生中的瞬间。失智症患者不会忘记一个人的嗓音，即便到了疾病的晚期阶段，他们也会辩认出你的声音，但他/她会认不出眼前的你，可见，语音记录非常重要。既要记下家人的声音，也要录下自己的声音。

第三，清理与整理实物。将那些有纪念意义的物品进行归类保存，并贴上标志，以便日后观瞻与回顾。

阿尔茨海默病患者往往失去了语言表达与当下认知的能力，因而，爱不再是一种眼前的现实，但他们往往将爱与所爱的人封存起来或对象化为某种具体象征物，如实物、图片、声音等。我们都需知道，在他们的一生中有哪些事情让他们骄傲和自豪，这是你能营造欢愉气氛和快乐时光的前提。

3.修复关系，凝聚亲情

人生是一条曲折且充满矛盾坎坷的漫长过程。不同的人、人生的不同阶段以及面临不同处境时，总会有诸多复杂的情感体验，其中酸甜苦辣、悲喜怨憎五味杂陈，在亲人、朋友之间难免有各种冲突、矛盾和误解，这些在正常人那里可能会随时间的流逝逐渐澄清并回归真实。然而，失智症却是一种进行性脑退化症，当下清晰的大脑随时会陷入失忆失智状态，可谓时间紧迫。我们必须抓紧时间去处理好往日生活中的各种令人不堪回首的旧事，努力修复人世间由爱维持的关系。因此，澄清误解，消除成见从而凝聚亲情就非常重要。

4.爱在即时

失智症并非突然降临的疾病，而是有着一个漫长的过程，它让患者有较长的时间努力活在当下，在即将步入人生黑暗之前可以尽情享受爱与被爱。

失智症在还未被宣告可治愈之前，对患者本人与家人亲友而言，由于它是一个较长时间的进行性退行过程，在人与人的交往关系的现实与情感层面无疑是"最漫长的告别"！疾病在一步一步地吞噬人间真情，抹杀爱与被爱的能力，甚至体验本身。因而，趁着轻度阶段，充分珍惜和利用当下时光陪伴妻儿亲人，享受爱与被爱所带来的快乐。

（1）积极参与家庭生活

不可否认，家庭是个体人生爱的重要实体，是一个生命共同体。不要总是焦虑自己会失去什么，还得思考家人也会焦虑他们会失去什么，而当丧失不可避免时，当下的生活才是真实而重要的。因此，不必过早地离开家庭才是最关键的。因为，许多失智症患者更多的是由于自己不幸罹患失智，以为自己已是无用之人，且给家庭带来不幸的自我意识来对待自己与家庭的关系，结果，不仅没有解决任何问题，而且还令家庭关系搞得恶化，家庭气氛变得悲观。

积极参与家庭生活，包括一如既往地参与家庭事务决策，帮助为解决实际问题而献计献策，"演好"家庭成员角色；不要错过家庭成员人生成长中的重大仪式，比如，成人礼、结婚仪式甚至包括升职、考学等，让自己成为亲人成长的重要部分；当然，还包括做家务劳动，为家人服务并从中获得乐趣。这样，与家人一道共同经历生活中的风风雨雨。应该说，尽可能延缓退出，趁着自己还有较好的心智状态。

（2）关爱他人奉献社会

当个体尚处于轻度失智状态时，请注意，此时，对患者自己而言，疾病并没有令其丧失所有，甚至可以说，仅仅是丧失极少的一部分记忆，包括那些要求精确对待的工作或业务的能力。但是，并没有丧失掉从事其他活动的能力，比如，力所能及的公益活动，比如，春天的植树造林，环境卫生以及其他可以用得上自己专业特长的事情。这些活动是社会所需要和认可的，对失智症患者而言，和他们需要社会或他人的关怀一样，他/她能够被社会或他人需要同样重要。

同时，参与社会活动，还包括各种宣传教育活动，这本身就是一种益智性活动。

（3）坦然领受被爱

趁着自己还有足够清醒的大脑感受爱与被爱，那就请坦然接受亲友的关心与帮助，他们都在尽一切可能助你摆脱困境与烦恼。他们可能会一改往日的态度，对你表示亲热，因为你的疾病，这都是正常的；对亲友来说，他们或许也意识到爱要及时。那么，这份爱或许正是你所需要的，别推拒。

总而言之，及时去爱，爱每一个人，爱大家，这正是个体生命获得成熟的前提与保证。爱要表达，不必再储蓄与矜持，张开双臂，敞开胸怀，接受来自亲友的爱，无论什么方式。

四、活在当下，不留遗憾

失智症是一种巨大的灾难，任何不幸罹患此症的人都承受着莫大的痛苦，无论对个人还是对家庭都有着无法承受之重。然而，正因为如此，它在造成对生命巨大磨难的同时也是对生命的极大考验。那么，是选择绝望还是选择希望？面对无所逃离的失智苦境，在它尚有漫长的轻度症状阶段，个体不妨抛弃所有的顾虑、恐惧与绝望，勇敢面对，活在当下，与苦难进行一场精彩的抗争。

1.从固有观念中解放出来

长期以来，社会大众乃至医生和照护专家们对失智症都抱持着既有知识和根深蒂固的观念。尽管每一个失智症患者都有各种不同的想法，也蕴藏着不同的力量。那些固有观念却无视患者的这一面，以"因为得了失智症，所以一定不知道""因为得了失智症，所以一定做不到"等陈旧的、偏颇的既定观念来对待失智症患者。遭受这些带有偏见的目光，会使失智症患者受伤，包括令他们的自信与自尊受损。这些伤害将失智症患者逼进孤独和绝望的深渊。

事实上，失智症患者本人会因此迷失自我，对自己的存在感到怀疑，以至于陷入强烈的混乱与恐慌中。《失智的我》一书作者佐藤雅彦记述自己曾有好几次这样糟糕的体验，并重复地陷入这种"因为对自己的存在产生怀疑而深感不安"的危机中。这样的危机不仅会伤害心灵，也会影响身体的安康，很可能会使其全身的状态很快恶化，甚至因此起不了床，可以说是近乎残酷的体验。

失智症患者经常不是因为失智这个疾病本身，而是因为受到周围的人，有时甚至是医生、照护专家在固有观念下的对待，而导致自我的崩溃，以及状态恶化——这样的事态其实是很严重的。在这一点上，佐藤先生虽然好不容易能够再站起来，坚持多年，直到现在。而至于其他患者，因之无法重新站起来，甚至状态急转直下，最后使其症状迈入"重度"的人不在少数。佐藤先生在本书中提到，希望能够相信患者本人的可能性，并消除所有的偏见，这一定是因为他自己曾经经历过这种痛苦的体验，不希望其他人重蹈覆辙，才有这样强烈的信念。

外在因素的影响往往导致患者本人对各种偏见深信不疑，从而也形成了如此这般认识与对待自己疾病的偏见，这只怕是最要命的。当患者一旦有了"因为得了失智症，所以一定会完蛋"这样的偏见时，将会作茧自缚。因此，佐藤先生也说，要如何从这种偏见中解放出来，是一个非常重要的课题。

而为了消除偏见，就一定要相信自己所拥有的可能性。

2.开发自我的潜能

佐藤先生告诉人们，他刚罹患失智症时，也曾经因为逐渐增加的困扰和不便而不知如何是好，从而陷入了惊慌失措的状态，甚至因为老是在意那些自己无法做到的事情而感到十分失落。经过一番思考，他终于领悟到，"与其烦恼自己不能做的事，还不如去发现自己还能做到的事，这样的生活才会比较快乐"。重新调整想法后，心里觉得非常轻松，并开始以"我自己"的方式，在生活事项上逐一下功夫。在失智后，佐藤先生并不放弃为"过自己独立的生活"所做的种种努力，无不在告诉人们，"失智症患者即使日常生活自立能力已经丧失到必须依赖他人，也不要放弃。"

他告诉人们，不妨从几项基本的事务上下功夫去开发自我的潜能。[①]

（1）对于"不记得昨天发生的事"所下的功夫

记忆发生障碍最大的不便，应该是"不记得昨天发生的事"，这大概也是困扰几乎所有失智症患者的事情，即使努力回想自己到底做了什么，但就是怎么都想不起来。作者佐藤先生不愿被动受困。他首先开始在笔记和记事本上留下纪录，或是写在纸上作为便条使用；但到后来，这些东西又总遗失，即使想到找也找不到。于是他开始用电脑来写日记，而且记日记也尽可能不拘形式，在能做得到的范围内，能记多少是多少。反正只要留下一点什么都行，这对于和他人见面，或者就诊都有帮助。此外，用录音笔之类的电子器材做记录。他还提醒广大失智症患者，他也熟悉了不少之前不曾使用过电脑，或者是年纪较大的人，即使得了失智症，还是能够学习电脑相关的使用方式。他本人对手机和平板电脑的操作方式，都是在得了失智症后才学会的。当然，手机和电脑的最初设定需要他人帮助设置好，用他的说法，就是"借用他人的力量来完成设定这类的事，其实也可以算是一种秘诀"。

至于搞不清今天是几号和星期几，直接办法就是去购买有日期和星期显示的钟表，或在电脑上设定自动显示日期和时间。

（2）对于"搞不清预定事项，还有和他人之间的约定"所下的功夫

对几乎所有失智症患者而言，早晨醒来，不晓得当天预定要做的事，也记不住和他人的约定，这都是很普遍的情况。但这样却无疑会导致很不方便与非常不安。在还没有失智之前，像所有正常的人一样，会使用

---

① 〔日〕佐藤雅彦.失智的人想告诉你们的事〔M〕.出色文化出版事业群·好的文化，2015：84、87、99.

各种记事本。但得了失智症后，对于日期或是什么的，都会变得弄不清楚；即使写下行事计划，也无法确切知道哪件事是今天要处理的。他的解决办法就是用电脑行事历管理软件（Googele日历）来管理行程安排。一旦有了什么预定计划，就立刻把它输入进去。Googele日历在画面上会显示今天的日期，非常方便。因此，每天起床后的第一件事就是打开这个软件，确认一下当天所要进行的事项。当然，输入这件事可以请自己依赖的人帮助，不必令自己犯愁。要注意的是，与别人的约定一天只安排一次，约定的时间要先在手机上定好闹钟。"失智症患者的记忆看起来像是消失无踪，但事实上并不是这样，他们只是把可以从记忆箱子里取出记忆的钥匙弄丢了而已"。电脑的功能就是作为个人的外接型记忆装备，只要把预定的事项输入电脑，"会不会忘记什么预定计划或和他人的约定"这样的不安就会大幅度减少，能够安心地度过每一天。

（3）在"忘记吃药"一事上下功夫

当身体状况变差时，忘记服药这件事会经常发生。他养成了使用吃药日历的习惯，即预备好一个星期的药品，依照日期、时间等，可一格一格放置好药品。不记得是否吃药，用眼睛看一眼就可以确认相应日期的那一格是否还放有药品，在决定服药的时间后，事先设定好手机铃声。

此外，对于其他生活中的不便均可以想出方法应付，这样使自己在失智症面前不至于完全被动，同时也使生活充实而富有活力，自然也有尊严。

只要自己不放弃，个人的潜力仍然是无穷的，一切皆有可能！

3.搞好自我管理

个人一旦被确诊为失智症，其生活世界便被强加了诸多独特的因素，这些因素令个体与周围世界逐渐切断联系，甚至与过去、未来断了联系。无疑地，这是一个极大的令人恐惧而悲伤的事情。然而，失智症却又以其特有的时间跨度在考验个人的生存意志和智慧，它会用10年甚至更长的时间缓慢前行，从而给予患者以足够的时间去调整自己适应全新的生活。与其让哀怨惆怅悲叹充斥自己这漫长的病程，还不如勇敢站立，过一个自己真正想要的生活。此时，如何管理自我便显得至关重要。

（1）警惕变成"三等公民"

2017年下半年，上海电视台"人间世"栏目进驻上海精神卫生中心。他们打算拍摄有关阿尔茨海默病的纪录片，每天在医院里拍摄和采访门诊患者、住院患者。在样片中，病房里一位缪先生正在写作，写自己的生活或住院经历。其中有几句话写的是："你是'三等公民'吗？你每天睁眼就是等早饭、接下来呆坐着等中饭，之后又无所事事等晚饭后睡觉，你就是'三等公民'了……当你成了'三等公民'，说明你老了！"

首先，你不能被照顾成"三等公民"，无论医院还是家属总是认为尽可能为患者提供完善周全的服务，让他们能够轻松地住院养病。其实，这种好心与孝心的背后却忽略了一个很重要的事实——当患者没有任何事情等待他们去做时，他们可能丧失掉本应该锻炼自己心智的机会，从而疾病会越来越严重。理由很简单：失智症不同于其他身体疾病。

其次，即便年纪不小，同样可能做很多事情，并不是老了就注定要成为"三等公民"的。有多少90岁高龄的老人，他们还在照顾自己的配偶，或探访亲友，或参加活动。即便是有认知障碍的老人，在疾病轻度的时候，他们只要少量的支持就能很好地照顾自己。澳大利亚的凯特·斯沃弗女士，患阿尔茨海默病10年尚能演讲，从自身角度帮助认知障碍患者维持独立，反对给予患者"退场处方"——即要求患者放弃努力，从社会与家庭中退出职能。[①]

（2）安排自己的生活

坚持对每日的生活计划早做安排，每天想做什么，如何做以及交往事项都要列出清单。

①日程安排尽可能简化，不能太复杂。注意时间距离拉开，以免自

---

① 李霞.帮我记住这世界：临床医生写给认知症家庭的32个小故事［M］.上海：上海科技教育出版社有限公司，2018：59.

己弄混。

②事项安排一天不要太多，一个时间段最好安排一项，千万不要将两件以上的事情安排在同一时间。

③生活形式尽可能多样化，避免单一化。即一周之内除了每天的饮食休息之外，在不同时间段，争取兼顾到社交、娱乐、运动、学习等方面，这些都是缓解症状的最好生活方式。

④还得留下机动时间，应付意想不到的事态发生，以免陷入被动。

（3）搞好情绪管理

郁郁寡欢是导致阿尔茨海默病的一个重要因素，加强情绪管理，时常保持积极心态，保持良好的心情就可以延缓阿尔茨海默病的进程。

①调整心态，准确定位。老年人退休之后，社会地位、经济能力方面很可能与之前有较大差别，如何接受和适应是摆在老年人面前的一个重大课题。为此，老年人应主动适应生活和心理上的变化，多参加社会活动，保持自己的社会活动能力，避免出现"饱食终日，无所用心""老而无用"等不良情绪。同时，老年人应以平和的心态对待和处理自己的事情。儿孙自有儿孙福，不过多干预和操心子女的生活，也有利于保持情绪稳定。

②主动寻求子女、亲友的关心。老年人，尤其是独居老年人往往会感到孤独；同时，子女的冷落也可能让父母"闷出"阿尔茨海默病。这个时候，老年人应主动寻求子女和亲友的关心，正确表达自己的情感诉求，也可以多参加集体活动，通过丰富的活动和人际交往来改善自己的不良情绪。

4.享受生活

失智症病人由轻度慢慢进展到重度的时间可长达8~10年，在最初的3~5年间，认知功能减退的情况并不严重，还是可以享受生活，完成未了心愿的。从这个角度来看，阿尔茨海默病没有想象的可怕，只要接受它，调整心态，会有充分的时间适应。

①可以阅读书报，看电影、电视，只是内容看过可能会很快忘记。

②可以旅游，但需人陪伴，而且恐怕以后也记不住这些景点，可以拍照就拍照，因为时光不再来，而且以后会更老。

③可以感受剧情，欣赏美食，享受当下的快乐时光，做一个真正活在当下的人。当然，请注意控制看电视的时间，一天不要超过2小时。

④拥有一些简单又容易维持的爱好。尽早培养兴趣或爱好，而且最好是简单且容易维持的休闲活动。一方面是此爱好可以让我们动脑、动手，有助于预防失智；另一方面也是当罹患失智症时，简单的爱好容易维持，不仅能自得其乐，同时也能减轻照护者负担。

五、未雨绸缪，早做安排

佐藤先生以失智症患者身份告诉人们，要是被诊断出罹患失智症，有些事最好要预先做好，包括：要想好自己将来住在哪里，以及要过怎样的生活；要写下自己一生的历史；要做好自己的财产目录；要整理好人寿保险的各种文件；要整理好不动产的相关登记资料；要先写好遗书；要先想好到了症状末期时希望治疗的方向；要整理好自己在死亡时所需要的联络人名单；要学会电脑的操作方式；不必要的东西要早日舍弃，尽量过简单的生活。①

1.记录自我

失智者的世界是独特的世界，不幸罹患失智症自是极其痛苦的事情。人类对这一疾病的认知与治疗尚处于探索阶段，因而，认知与了解失智

---

① 〔日〕佐藤雅彦.失智的人想告诉你们的事［M］.台湾地区新北市：出色文化出版事业群·好的文化，2015：146-147.

症者自身的经历与体验便非常重要。如果借助患者自己记录这一过程，不仅是将转瞬即逝的当下留住，而且也令家人朋友及照护者能够得到极佳的第一手资料，并从而改善其失智照护工作，因而，也可最大限度地减轻随病程加重造成的不适与痛苦。还有就是，记录自己既是告诉亲人我现在如何以及时时表明"我爱你"；更重要的还在于，记录本身也是一种人脑的练习活动，对延缓病情无疑意义重大，不可小觑。

《爱我的人也呼吸着我》一书的作者荷妲·桑德斯在2010年她61岁生日前夕，被诊断出有早期失智症，但随之而来的难过、愤怒、恐惧和怀疑等情绪，很快被深埋心底。"因为，我别无选择。我有工作、有丈夫、孩子、孙子、朋友，有我的人生要过，然而，医生给我判下的死刑——我的心智提早死亡了——让我开始疑惑，生命是什么。到底什么是记忆、性格、认同？什么是自我？理性逐渐丧失后，我还会有自我吗？我还是'我'吗？对我来说，思考和厘清这类问题的最佳方式是透过写作。"

2011年7月，就在作者被宣告罹患早期失智症之后9个月，原本犹他州立大学性别研究中心就任副主任的作者，正式退休。上班最后一天，同事送给她一本精美的皮革笔记本作为临别赠礼。后来作者就把她搞砸的一些日常事随手记在笔记本上，比如锅在炉子上烧到干焦、一小时内洗两次头、忘了把前一晚备妥的一盆料理放入烤箱，等等。她决定把这些笔记本称为失智观察日记。

她这样写道："在准备过64岁生日的前夕，我一直在思考'直到死亡将我们分开'这句话。若是说我怕死亡，那么，我怕的其实是没有足够的时间去避开那种认不得所爱之人的苦境。""我正在失智，我面对生病的孤寂，我要留住记忆的最后一息"。作者自确认并认同自身失智者开始写失智观察日志，记录自己的病情进展与自我遭遇，而本书则真实呈现了作者亦即患者如何面对逐渐萎缩的自我形象。

到了后来，她开始关注到自己的感受，产生一种非得说出"我的故事"的冲动，于是便开始写作散文，她要把仅存的"美好时光"通过文字记载下来，并通过朋友润色分享给更多的人。对生命中爱的追忆构成一条主线，并且也成为患者日渐丧失记忆的自我拯救。后来她的文章陆续在《华盛顿邮报》等报刊发表，引起了广泛的注意与好评。通过写作，造福世界——在写作过程中，作者的自我探索可以帮助许多面临失智问题的人，让他们可以从作者个人的经验中厘清各种情绪，包括困惑、羞愧和受伤，并懂得如何去面对逐渐萎缩的自我形象。正如她自己所说："努力写下去，除了造福他人，也是为了让我能透过这些文字来一窥我的完整人生。"[①]

2.表达心声

趁着还有较清醒的自我意识，对往后必然会到来的无法自主的病程进行一个安排，这大概是与其他任何疾病不同的地方。因为，其他疾病在病程中会出现一些意想不到的情况，相对而言，失智症有两个基本点是非常明确的：一是它只能是让智力越来越退化；二是它是无法根治的。但是，病程期又往往是相当长的，那么，事先做一个交待是一个非常明智的做法。而这种事先的安排最为根本的并不是做具体安排，而是表达自我的意愿，为日后的照护工作提供一个大体的方向。

（1）告诉家人我要什么、不要什么

①相信一定有无视患者本人的意见，而只根据家族的意向来决定事情的状况吧？

②失智症患者本人，并不是什么事都没有在想，他只是无法立刻做出判断，或者是把心中所想的事化作言语说出口而已。

③由于记忆发生障碍的缘故，或许同样的事必须多说几遍、多问几遍，但还是请各位多听听患者本人的想法。

④因为患者本人必须麻烦家人照顾，或许会成为一种负担，但如果他能够在家事等方面，做些简单的帮忙的话，还请分配一些工作给

---

① 〔美〕荷妲·桑德斯.爱我的人也呼吸着我［M］.郭宝莲译.中国台湾地区新北：木马文化事业股份有限公司，2017：18-20.

他。如此一来，患者本人也能够获得自己仍然有用处的真实感，进而产生自信。

⑤要是什么都不做的话，症状可能很快会恶化；相反地，如果给他一点事情做，或许会有延缓症状恶化的效果也说不定。

⑥失智症患者绝对不会希望因为自己的缘故，使负责照顾的家人变得疲惫。

⑦也可以考虑使用能够提供短期照护的疗养机构之类的地方资源，请务必让自己拥有属于自己的时间。

⑧关于照护，或许大家会从各处听闻各种不同的资讯，但每位失智症患者的状况都不同，有些事不见得完全正确。

⑨他人的意见最终都只能作为参考而已，即使不完全依照这样的方式去做，也请不要责怪自己。

⑩不光是失智症患者本人，其家人也可能会有被孤立的感觉。

因为没有办法把患者本人丢着不管，我相信一定有不少人，连地区性的患者家属交流会之类的活动都无法参加。

⑪不过，患者家属交流会就是要把有相同境遇的人聚集在一起，如果能够参加的话，或许就可以把大多数的烦恼讲出来，并且互相分担了。[1]

（2）表达我希望做的事

以下是用国际通用的失智者的意愿蓝本，每位患者都可以根据自己的性别、年龄以及某些无法改变的个性与认知习惯等从一个失智症患者角度提出具体的要求，可根据失智发展阶段：轻度、中度与重度的具体要求，它会成为日后家人与照护者甚至医生所遵循的依据。我希望您做的16件事：

①如果我得了失智症，我希望朋友和家人接受我的现实。如果我"认为"我的另一半还活着，或者如果我"认为"我们正在拜访我的父母

① 〔日〕佐藤雅彦.失智的人想告诉你们的事［M］.台湾地区新北市：出色文化出版事业群·好的文化，2015：198-200.

并一起吃晚饭，就让我相信所有这些吧，这会让我快乐许多。

②如果我得了失智症，我不希望被人当小孩子对待。对我说话要跟对待成年人一样。

③如果我得了失智症，我还是想继续享受我一直喜欢的事情。帮我想办法来继续锻炼身体、读书和见朋友们。

④如果我得了失智症，请让我给你讲讲我过去的故事。

⑤如果我得了失智症，并变得容易激越，请花点儿时间去弄清楚是什么在困扰我。

⑥如果我得了失智症，请用你希望自己被对待的方式一样对待我。

⑦如果我得了失智症，请确保家里有很多为我准备的零食。即使是现在，我不吃东西的话都会生气；如果我失智了，我可能无法准确表达我的需要。

⑧如果我得了失智症，请不要当我不在场一样随意谈论我。

⑨如果我得了失智症，如果你不能一周7天、每天24小时照顾我，不要感到内疚。这不是你的错，你已经做到最好了。去找可以帮助你的人，或者为我选择一个新住处。

⑩如果我得了失智症，并且住进了一个失智照护社区，请经常来看看我。

⑪如果我得了失智症，如果我搞混了名字、事件或地方，请不要沮丧。深呼吸，这不是我的错。

⑫如果我得了失智症，请确保我总是能听到喜欢的音乐。

⑬如果我得了失智症，而且我可能喜欢收集物品和随身携带它们，帮我把它们放回原位。

⑭如果我得了失智症，请不要把我排除在各种Party和家庭聚会之外。

⑮如果我得了失智症，要知道我还是喜欢拥抱或握手。

⑯如果我得了失智症，请记住我依然是那个你熟识和珍爱的人。

3.生前预嘱

生前预嘱是人们事先，也就是在健康或意识清楚时签署的，说明在不可治愈的伤病末期或临终时要或不要哪种医疗护理的指示文件。生前预嘱的最基本的内容可概括为"我的五个愿望"，当你因为伤病或年老无法对自己的医疗问题做决定的时候，它能帮你明确表达一些重要的医疗意见。包括：我要或不要什么医疗服务，我希望使用或不使用生命支持治疗，我希望别人怎样对待我，我想让我的亲人和朋友知道什么，我希望谁帮助我等。

签署"生前预嘱"从实质上讲是对未来的一种假设性决策（hypothetical choice），签署这种"生前预嘱"要求"自愿停止饮食"是本人经反思后自己做出的决定，体现本人的自主权及最佳利益。因此，执行这种生前预嘱意义重大，家人及医护人员都必须充分尊重患者本人的这项自主权利。其中，有两项是最实质性的条款。

（1）一旦心跳停止，要不要使用心肺复苏

心肺复苏首先是通过按压胸廓建立人工心跳，并通过从病人的口腔通入气体的方法来尝试恢复呼吸。然后，医务人员会将一根导管经口腔插入呼吸道内，使人工呼吸更为有效。有时还会对心脏进行电击，并经过静脉注入各种药物。必要时还会打开胸腔对心脏进行直接按摩。电击和气管插管都是较为粗暴的操作方法，这会引起创伤、疼痛、甚至导致肋骨骨折、肝脏损伤或造成其他严重问题。

在疾病的终末期，选择还是放弃心肺复苏是非常个人化的决定，严格说来并没有对错之分。但是，尽早开始对这个问题的关注，尽可能弄清楚各种细节以及各种选择带来的实质性后果，并能通过正式明确的表达以实现自己的意愿，这是一件人道的事情。而且，在做出关键性选择之前，与家人和专业工作者对问题讨论得越深入，就越容易做出选择。

（2）一旦无法自动进食，要不要人工喂食

许多慢性疾病，如阿尔茨海默综合症、帕金森综合症、退行性侧索硬化、中风或其他原因所致的脑病，会使病人的喉头肌肉逐步失去功能，而使他们发生吞咽困难、呼吸困难、咳呛以及反复发生的吸入性肺炎等。这些症状会随疾病日趋严重，病人吃得越来越少，最终完全不能进食。这时候，使用喂食管会成为病人赖以生存的唯一办法。

科学研究已经证实，疾病终末期的各脏器衰竭，会使人的各种负面感受，如疼痛、焦虑、麻痹、口渴、饥饿等减轻或迟钝。而且，缓慢而有控制地脱水不仅完全不痛苦，甚至还能减轻患者的不适感觉。一般说来，如果完全不能进食，也不使用喂食管或人工静脉营养注入，而当决定不使用这两种方法时一般也不会再使用人工静脉水合，患者通常会在一周左右死去，这段时期内，周到适当的临终护理可以做到让他们的死亡过程安宁而自然。

（3）生前预嘱参考样本

如果在未来某一时刻我无法决定自己临终时的各种问题，我愿这一声明能清楚表达我的意愿：如果我康复无望，那么我要求死亡，不要用人工方式和其他极端方式维持我的生命。我认为，死亡与出生、成长、成熟和年老一样是一种现实，一种必然。我害怕每况愈下、依赖别人和痛苦绝望所带来的屈辱远远超过害怕死亡。我请求从怜悯出发为我缓解晚期痛苦，即使这些做法也许会缩短我的生命。

第四章

失智症患者的照护（上）

　　失智症患者就是一群被困在时间河流里的长者，如今只留下泛黄照片上的陌生影像，当他们渐渐遗忘，在记忆缓慢归零的过程中，他们正在遗忘这个世界，但这个世界却不能遗忘他们。我们必须抵达患者的世界，去理解他们、陪伴他们，帮助他们用爱找回记忆的缺口，给予这段生命中最漫长的告别以一抹人性的亮色，只为让我们记得——"爱，永远都在"。

一、理解是照护的前提

　　我们面临的是这样一种状况，照顾者（包括家人朋友）与失智症患者处在两个无法直接沟通的世界，不是因为缺乏沟通的渠道与途径，而是因为失智症患者已经丧失去沟通的能力并退到孤立的个体空间，并逐渐走向封闭。同时，由于失智症之失忆、失识甚至失能，因而他们的世界已经不同于由理智建立起来的常人的世界。因此，如何有效地实施对失智症患者的照顾，其前提正在于对失智症患者的理解。

　　单纯将失智症患者喻为孩童，是不可取的。人们经常说有老年失智症的人像孩童，几乎没有一篇有关的文章不提这个比喻，这是全然错误的。因为一个成年人不可能逆向发展为孩童，而孩童的特性是向前发展的。孩童取得能力，失智症患者则丧失能力。与孩童在一起我们见到的是进步，与老年失智症患者在一起我们见到的是退化。老年时段不会还以人们任何东西，它是个滑梯，岁数大了，让人发愁的几件事之一，是老年时期甚至可能太长①。

---

　　① 〔奥地利〕阿尔诺·盖格尔.流放的老国王［M］.谢莹莹译.上海：上海人民出版社，2014：8.

1.走进失智症患者的世界

纪录片《人间世》里一个病人家属对儿子说，"这个世上除了阴阳两界，还有第三个世界，就是你奶奶的世界"。此时，他患有阿尔茨海默病的老母亲满脸笑容地看着自己的儿子对着镜头说，"我这个弟弟长得挺好的"。这"第三个世界"是失智症患者独特的世界，是生与死交织、明与暗并存、清醒与昏睡不分但正急速走向寂灭的世界。以照护者最大的被接受性去走进失智症患者的世界，对待失智症患者的任何行为、现象都如同我们对待一个婴儿那样，但又不能将他们视为婴儿，这是失智症照护的本质内涵与基本要领。

（1）他们是一群活在过去的人

我们所面对的是一群活在过去的人。对他们而言，时空不再有顺序，他通常是凭着一些情感性的联系，在一些回忆中跳动。这种感觉有点像是把过去的事件变成他脑海里的家具，不时地重新安排、重新摆放。

由于我们平常过日子，都是将自我的焦点集中在当下这一刻，以便处理各种繁杂、精细的事物，并将那些没有即刻重要性的东西和资讯压到潜意识里。当失智症患者脑中发生病变时，他将记不得近来发生的事，无法将焦点集中在此时此地，而是神游于外人所不知的时空中，于是周遭的人和事在他看来便都变得陌生。想想这种遭遇若发生在你身上，倏忽间你失去了身份认同，是多么的令人惊慌呀！ [①]

我们不该一味指责或害怕种种失忆情况的发生，而是要多在环境上和互动上用同情心去臆测发生了什么事，有些患者可能心中牵挂着一些过去"未了之事"，想要完成过去某些心愿，或重新经历和家人、朋友过去情感性的创伤。面对这些是无法阻止的症状，只要保证患者不会伤到自己或别人，大可以任他神游一番。甚至，我们不妨随同他们一道玩一趟看似荒唐又近似小孩过家家的游戏。

[①]　许添盛，王季庆.我心医我病［M］.北京：华文出版社，2010：155.

（2）了解他们的过去

失智症患者可能会基于他们尚存的一些心理影像去认识这个令他们困扰的世界。关于大脑的一项研究表明，情景记忆可以在情景重现的时候得到激活与重新体验。在那个时候，患者就好像在餐馆里，或者是工作场所，等等。可见，我们一旦了解到这些老人以前曾经做过什么，我们便能积极地面对挑战，给他们带来快乐，而不是在这些问题上束手无策。

（3）抵达他们的世界

失智症患者的自有世界对他们自己来说是一个坚固的堡垒，仅凭他们自己是无法走出去的，但任由这种状况存在下去，情况将会越来越糟糕。那么，唯有我们走过去，抵达失智症患者的世界，去尝试打开一扇窗，建立与他们的联系，那怕一点点都值得我们用爱去挽留。

当然，无论我们怎么努力，都无法恢复他们的近期记忆，我们可以把握住他们的远期记忆，给他们带来快乐。这就意味着我们得进入到他们的世界里。当他们找妈妈时，我们要给出一个能让他们踏实的答案，比如，"你妈妈出去买菜了"，或者"你妈妈在上班呢"，这样他们就不会担心了。

正常情况下，你觉得自己在撒谎。但这并非是正常情况，他们正处于疾病状态。你要知道，他们已经在尽力做到最好了。需要改变的只能是你，你要活在他们认为真实的世界里，并且让这个世界看起来非常完美。

虽然你不能改变你所照顾的人，你可以改变回应他们的方式，并尝试用不同的接近方式可能会产生更令人满意的回应。

2. 了解失智症患者的心理

老年失智症患者是有想法的，只是他们把过去和现在混在了一起。他们说出的语句是由一些风马牛不相及的思维碎片拼凑起来的，而这些碎片又是不合逻辑地搭配在一起。许多好心的家庭和朋友认为这些只言片语堆砌在一起是没有什么意义的，于是，他们也就不再花时间去理解病人到底想表达什么意思了。深入思考，我们不难理解，许多人放弃尝试沟通，导致交流不幸地戛然而止，让那些本可以一起经历的许多生活时光就那样流逝了。

应该承认，任何像样的、有质量的生活，都要求我们相互交流。关键就在于，当你开始尝试交流，当你开始尝试了解你爱的那个人，即患有老年失智症的他所表达的意思时，这也就是真正的交流。当你把他所说的只言片语联系起来时，你会发现一切都不是那么难以理解。只要你乐于尝试，然后把你爱的人所表达的零散信息连接起来，你就开启了有意义的交流。那样，你接触的是他们灵魂的深处。当你建立起交流，你所爱的老年失智症患者也会重新回到你的身边，这样的结果是值得你付出任何努力的。

失智症患者有如下的心理特点：

第一，人格改变。它是老年期失智患者最早出现的心理特点。其实主要指待人接物的模式习惯的打破。例如：悠缓的人变得急躁，大方的人变得小气，开朗的人变得郁闷，谨慎的人变得松散等。改变程度之大，常常让人惊讶，就像换了个人似的。

第二，自私自利。主要表现为社会道德观和利他思想缺乏，极为自私，变为了老小孩的形象。不容易与他人沟通，不易理解他人。无法接受新鲜事物，并对他人漠不关心，甚至虐待自己。

第三，受本能的支配。随着失智症状的加重，患者的行为活动会越来越受本能的支配，表现出食欲、性欲等的亢进。这里所说的亢进指的并不是能力或功能的增加，而是指失智患者不分时间、不分场合、没有任何道德顾忌、随心所欲地表现出他们本能的欲望，且任何劝阻和惩罚都不能改变这些行为。例如，当众在异性面前脱衣服；对喜欢吃的某种食物无节制地进食；对不喜欢的人一眼也不看。

第四，无自我认识。由于脑功能减退的原因，患者对于自己自身的疾病表现和性格的改变，并不能有所认识，也不加以自我修正，更不会有主动求治的意识。即使他人指出，也不能使患者相信自己有了问题（即使当时承认了，过一会儿也会忘的）。

第五，不安。由于记忆力的减退，患者原来熟悉的环境和家人，都成了陌生的地方和不认识的外人。患者的行为会显得紧张不安，对周围的一切总是保持着一副警惕的样子，或是处于一种茫然不知所措的状态，惶惶不可终日，严重地影响着身心健康。

第六，攻击性。老年期失智患者往往具有言语和行为上的攻击性。在别人看来，患者常会无缘无故地谩骂或击打身边的任何人，表现出极强的攻击行为。

第七，漠然。在失智的晚期，患者脑中的记忆基本只剩下一片空白，没有任何记忆。患者常整日卧床，无任何自主的活动，对外界的刺激也缺乏反应。

3.倾听失智症患者的声音

失智症患者，尤其是那些处于轻度阶段的患者都有关于自己未来应该受到怎样照护的期待与愿望，或者说都有亲人、朋友及周围环境如何看待与对待自己患上失智症的内心预期，同时也都有心里面的种种担忧。当然，由于受到个人性格、文化教育、家庭及环境条件，还有社会地位等种种因素影响，有些人倾向于也善于表达自己的诉求；有些人或许有诉求但却不善于表达；更有些人则不愿意表达自己的诉求，甚至不知道如何去诉求，等等。然而，对所有不幸罹患失智症的人而言，都将在漫长的病程中度过自己的人生。显然，我们不能够仅仅依靠某种共同的理解去实施照护，还应该倾听患者们自己的声音，这才是失智症照护真正有效的前提。

因此，我们要做的首先是要注意倾向患者的声音，了解他们对未来生活的愿望与想法。同时，鼓励那些由于种种原因而无法表达自己需要的患者勇于表达，帮助那些不知道如何诉求的患者懂得自己的需要是什么并将其表达出来。

刘秀枝是中国台湾地区阳明大学兼职教授、台北荣总特约医生，她是台湾地区失智症研究的开拓者，也是失智症患者的家属，她的父母在八九十岁时先后失智，都是她亲自诊断的。"失智症也有它慈悲的一面，"她说，"它慢慢退化，让人有时间准备，不像心脏病，发作几分钟人就走了。"失智症让家人更凝聚。在母亲诊断出失智症后，刘秀枝的二姐常回家，与大姐一起陪妈妈下馆子、出去玩；后来妈妈行动不便，二姐还是每星期回来陪她，留宿一夜再回自己的家。刘秀枝以研究者身份，更加上照顾失智症感同身受，写下一篇公开信，几乎让人们误认为她本人失智，公开信其实也是她的照顾心得，更是真实地表达了失智症患者的内心感受与想法。

二、社会支持是照护的保障

不让任何人独自面对失智症，这是我们建构对失智症患者社会支持的根本原因。

失智症不同于一般性疾病，因病程漫长及特定的演变规律，其疾病的治疗与护理往往牵涉到身、心、社三个层面，既有家庭、社区与社会等多重环境因素，更是相关参与者人员众多，客观上需要形成一个多方全员的合力，其社会覆盖面非常广。失智症患者与环境之间存在一种矛盾的关系：一方面，失智症患者对环境的改变很敏感，稍有变化，便会在内心产生很大的恐惧感；另一方面，随病程的进展，失智症状愈来愈严重，患者与环境之间的互动能力日益削弱，以至于跟环境的融入度逐渐降低，冲突加剧。因此，建构完善的社会支持是非常重要的保障，针对失智症患者照护的社会支持有三种途径：一是加强常态化宣传教育，增强患者社会归属感；二是建构失智症患者栖息地；三是建构心理无障碍化环境。

1. "我遗忘的世界不要遗忘我"

失智症最终将患者拖入无尽的黑暗，患者在病魔控制之下逐渐地遗忘这个世界，但我们却不可以遗忘患者。我们所能给予患者的就是尽我们的全部努力，给予他温暖与光明，使失智症患者能够获得充分的理解与接纳，并增强患者的社会归属感。

（1）常态化的宣传教育

常态化宣传教育，让更多的人了解他们，接近他们从而关心他们，这是最起码的社会支持，也是社会支持的前提条件。老年化时代，罹患失智症的人口数量会日益庞大，对失智症患者的照护不仅牵动着越来越多的家庭，而且会涉及社会的方方面面。因此，对老年和失智症的认识和了解不应仅局限于"偶然式""节日式"的宣传，而应作为一种常态，融入居民的社会生活环境中。加强对失智症的认知教育，这不仅有利于减少对失智症老人的歧视，老人自身的耻辱感、社会孤立和偏见等问题，还能够在预防的意义上，使社会大众监测自身、家人和其他人的健康。

在《人间世》的结尾中提到："据不完全统计，中国患有阿尔茨海默病的人数在600万左右。由于病人及家属对病情认知的局限，67%的患者在确诊时为中重度，已错过最佳干预阶段，有过正规治疗的人数大约占5%~30%。"所以，对阿尔茨海默病的知识普及需要社会更多的爱和努力。

社区宣传教育可以作为预防性服务的一个重要组成部分，可以借助于当前科技信息和媒体手段，如网络、电视广播、报纸杂志、书籍、微信微博、社交软件等，传播失智症的预防、保健和治疗信息。

在教育对象上，增加青少年对失智症的关注，通过以上手段进行宣传教育，融入中小学教育内容中，旨在创造对失智症有一定认知的良好社会环境，增加社会支持。这种宣传教育也可以扩展到其他养老相关领域，是本小利大的事情。

（2）增强失智症患者社会归属感

失智症患者有强烈的社会归属感需要。社会归属感是指处在社会内的居民对地域和人群集合体的认同、喜爱和依恋的心理感觉，反应在人们身上就是人们对社会的亲切感和向心力，它有助于维持社会的和谐稳定。而对居民而言，社区归属感为居民提供了一种亲情之外的精神寄托，有助于改善城市居民的孤独感和离群感，有利于居民的精神文化生活和他们的身心健康。老年失智症患者的归属感，被认为是指该类人群对社会的认同、喜爱和依恋等心理感觉。遗憾的是，有些养老院总是这样那样地忽略对老人们的社会归属感的培养，而实际上，社会归属感的培养往往是一项复杂的工程，并不是简单的心理安抚就能完成的事情。

在相关调查研究表明，影响该人群社会归属感的主要因素有以下三个方面。

①社会参与度。老年失智症患者由于记忆、认知、人格及语言方面的不同程度障碍影响，使他们对于社会的参与程度也直接受到影响。即使过去生活态度积极的人，患病之后变得被动懒散。以至于直接影响社会参与度，生活质量也随之下降。

②社会关系网络。社会关系网络与相处时间、居住时间、认可程度、患病程度相关。因此，应积极建立患者的社会关系网络，引导人们多与患者交往、关爱患者，甚至帮助他们参与一些文体活动，让其感受生活的乐趣。

③社会满意度。这与社会的自然环境、基础设施、养老保障、社会关爱、社会治安、社会氛围紧密相关。社会发达程度越高，患者的满意程度越高。

近年来各地区虽然陆续开展了为老服务，但缺少强调社会支持的服务安排和设计，而增加社会支持是解决失智症患者耻辱感、社会孤立、社会偏见、服务提供、减少成本等问题的重要渠道。

2.建立失智症患者栖息地

失智症患者首先是一个人，在其长达十多年的作为失智症患者的生命中，他不应该仅仅作为病人在医疗机构里头度过这漫长时光，而应该作为生活中的人过着有尊严的生活。而鉴于他们自己无法完全支撑起这个生活世界，所以才需要我们的协助。动员社会力量，重建他们的生活世界，打造失智症患者宜居的栖息地，成为我们义不容辞的责任。

美国与澳大利亚著名的"伊甸园模式"正体现着失智症患者栖息地的理念，这是根据失智症患者的心智状况专门打造的相对完整的生活社区。

失智症患者栖息地的宗旨是"去机构化"和"追求家庭化"。医疗照护机构突出的是"机构化"，凸显的是技术性与专业性管理模式，很容易造成空间隔离。失智症患者栖息地强调空间性与生活化管理模式。通过去机构化突出了失智症患者的现实生活身份，打造一种生活空间与生活世界。在这个生活区域里，失智症患者是当然的居民主体，不受到任何打扰与干涉。它避免了专门机构隔离式医疗的流弊，能够营造更大空间的生活化环境，强化了患者的当下存在感与生活体验。

家庭化旨在消除失智老人的寂寞、无助与无聊，营造家的气氛。比如，在空间格局中，设置客厅与房间，使患者有新家的体验；在一个单元入住者中明确各自的身份，比如有的患者充当父亲，有的患者充当母亲等家庭成员身份，使患者有家庭归属感。家庭化是对失智症患者原来家庭的很好承续，也在很大程度上缓解了患者家属的后顾之忧与内疚之情。

建筑设计理念完全融入人性化因素，比如，年代怀旧风，虚拟现场以及各种环境物质的无害化处理，几乎可称之为梦幻之境。在这样的社区，商场、酒店、影院、车站等一应俱全，完完全全是一种生活方式，一种适合失智症患者的栖息之地。患者可以无拘无束地生活在其中。这是一个童话般的"真实"世界，而那些正常人，如义工、医生与照护者均只不过是参与到其中的陪伴者。

一家澳大利亚的失智症照顾机构的招贴画上写道：我们是一个家，还是一个机构？你生活在哪里——家，还是机构？这张招贴，时刻提醒工作人员反思，我们是不是真的要给入住者一个家。国内已有不少的失智症照护机构都在实践这一失智症患者栖息地理念。"爱知介护""远洋·椿萱茂""上海乐缘养老院"等知名失智症照护机构都在尝试通过各具特色人性化设计和实践运行成为失智老人的生活乐园。

"爱知介护"便是以去机构化和追求家庭化为宗旨，爱知介护在建立和运营认知症长期护理机构及服务认知症长者的过程中，追求实现失智症患者回归"正常人"的生活，通过少数人的单元照护，家庭般环境及对个人的尊严，使长者平静而有序的生活，同时，利用设施内外日常的动态资源维持长者社会性的持续保有，进而实现长者尊严生活的意愿和能力。

机构设施内每个单元都配有专属的介护，能够深入了解入住长者的个性，建立深厚的信赖关系，在此基础上进行日常生活援助。在健康管理、复健作业、膳食营养及生活陪伴四个功能模块的支援下，保障了认知症的长者的稳定生活、尊严生活，并有效延缓认知症及其并发症的恶化。爱知介护将持续为患有认知症等老年慢性疾病的长者能有有尊严品质的生活而不懈努力。

3.营造心理无障碍化环境

当然，让所有失智症患者都要生活在专门的栖息地，也不现实。毕竟还是有相当多的患者是以家庭照护、社区照护相结合的方式生活的，其特征就是与正常人的生活世界是融在一起的。那么，营造心理无障碍化环境无疑是最理想的社会心理环境支持。

想象一下，如果有那么一种环境，在这种环境里，失智症患者的身份标签并不妨碍他在里面自由自在地生活，环境中没有任何人视他为另类，即便明知他是失智症患者；在这种环境里，不存在一个失智者由于自己失能无法对应的困境，因为每个人都是他的生活助手；在这种环境里，无论他的世界多么扭曲变形，总有人能够懂并参与进去且能带给他快乐体验。显然，这种环境正是人们面对失智症照护所寻求的理想状态，这就是心理无障碍化环境。

众所周知，腿脚不方便的人，可以借助拐杖或轮椅等工具，依靠自身能力行走，在全面普及电梯等无障碍设施的今天，也在变得越来越方便，在需要有人出手帮助时也能得到帮助。但对于失智症患者而言，因为记不住东西，也就没有了那些可以帮助自己克服困障碍的"拐杖"和"轮椅"。所以，对失智症患者，更需要那些了解患者的难处并能不着痕迹地提供帮助的"活拐杖"——援助者。设想在交通设施及商店，在城市的各个角落，如果都有温暖的手提供合适的帮助的话，他们就可以自由地外出，也可以做更多力所能及的事了，这就是心理无障碍化环境。[①]

谁都可能患上失智症。你不知道自己、家人、朋友还是身边认识的人什么时候就患上了这种病。因此，不应该把这种病当成是别人的事而漠不关心，最起码，你应该怀揣"这是自己的事情"这样的一种认识，这点很重要。任何人都可以是失智症的援助者！

（1）心理无障碍化居住社区

这里的社区即传统意义上的居住环境，涉及邻里、街道，多带有地缘特征。在这样的社区，看到患有失智症的人有困难时，试着上前问一声"有什么能帮忙的吗"。这样，即使实际上并不能帮到什么忙，也能够让对方知道你理解他。有时候，失智症患者家人会有"给大家添麻烦"之类的想法，这时，如果对他们说上一句"哪里哪里，你很不容易啊"这样鼓励的话，那么，患者的家人心里立刻会觉得放松不少。作为更进一步的援助，可以考虑在患者家人不在其身边时，负责临时照顾患者等。

---

① 海南普亲老龄产业发展研究院.正确认识失智症［M］.北京：中国社会出版社，2014：24.

但要注意，不能介入太深。

此外，物业管理员也是援助者。随着在公寓生活的高龄老人不断增加，失智症患者也越来越多了。虽说如此，但因为公寓是一个把门一关就与外界隔离、人与人之间日常交往很少的环境，所以很多人的社区意识很薄弱。在物业管理公司，公寓管理员是很好的失智症援助者。但如果公寓管理员仅仅只是理解失智症还不够。想要创建让居住在公寓的每一个人即使是得了失智症也能安心生活的环境，对失智症的理解必须更加深入。

（2）心理无障碍化公共生活空间

某种意义上，这是一个更加开放的公共生活空间，其人际流动性大，但却是日常生活的重要场所。对失智症患者而言，是更需要他人帮助的地方。如果失智症知识得到了一个地区所有工作人员的了解，也许，即使是失智症患者一个人外出买东西、吃饭，就算是发生了迷路等事情，也能够被安全地护送回家，那就是最理想不过了。这包括：

①商场。在日常生活中，去商店、便利店或超市消费的人群里，也有失智症患者。在失智症初期阶段，很容易表现为算错账。有时候，他们只会用大面额的钱买东西等，借以掩饰自己算错账。这时，如果能够不急着催促他们，以与他们相同的步调来对待，包括妥善处理好患者买东西不给钱、付钱不拿物品或者拿多或拿少等情况，不去指责其不是。那么，失智症患者就能从中享受到购物的乐趣。

②公共交通。公交车司机、车站工作人员、地铁检票人员，接触失智症患者的机会更多。很多时候，由于不了解这方面的知识，导致一些本该得到援助的失智症患者失去了机会。所以，当认为某人是失智症患者时，例如发现有人不知道该往哪里去，或车已经到达终点有人还不下车的时候，公交车工作人员一定要把他们送到派出所，让民警联系其家人。

③城市广场、街道等公共生活空间。这些公共场所由于其开放性与流动性等特点，对失智症患者而言恰恰是最为危险的地方，也正是建立

心理无障碍化环境的重要空间。

除家庭及专业照护人员之外，建立无心理障碍化社会环境，有赖其他人员的协助，其他人员对待失智症患者时，必须正确理解患者的认知能力会随着失智症的加深而下降的必然性，不能对患者抱有偏见，要把失智症当作自己的问题，想象自己是因失智症而感到困扰的患者或者患者家属，为了让这些人能够安心生活而对他们进行援助。不管是和失智症患者还是和一般人的交往，基本道理都是一样。在此基础之上，应根据对失智症的正确理解采取适宜举措应对失智症患者。

心理无障碍化环境也具体表现在失智症照护机构及相关服务情况的信息流动的无障碍化，让那些失智症患者及家属能够随时根据掌握情况来进行选择，很是重要。

近日，浙江11个地级市民政部门向社会发布的接收失智老人的部分养老机构（护理院）分布图。据地图显示，舟山市百叶颐养园308张床位，其中用于失智失能老人的床位占60%，已满。杭州市西湖区社会福利中心二期将于2021年开放，专设失智老人专区380张床位……

这份接收失智老人机构地图的发布，对于杭州市拱墅区大塘新村的方女士来说非常及时。她母亲得了失智症，前段时间把两万多元现金挂在一间空置近20年老房子的门把手上六七天，直到邻居们发现。

杭州市西湖区辖11个镇（街）、195个村或社区，近几年来已对大约140个村或社区进行失智症早期筛查。浙江大爱老年事务中心副主任朱秋香说，一旦老人被确诊患有失智症，他们会请家属去医院协助进一步确诊。

据统计，到2017年年底，杭州80岁及以上的老年人口为269741人，如何照顾他们中一部分患上失智症的老人，成为社会关注的重点。家有失智老人，家属无体力、年轻人无时间护理，哪些养老机构能接收失智老人？

浙江11个地级市的民政部门经过确认，向社会发布了部分接收失智老人的养老机构（护理院）的地图，其中有些机构的服务是政府买单，辖区居民可以免费分享，有些机构服务则是收费的。

西湖区社会福利中心自2013年就设立了失智老人专区，给失智老人提供专业的照护服务。浙江大爱老年事务中心也向社会推出了随手帮助失智老人的关爱活动，通过看、问、留和拨四步来帮助失智老人。即先观察老人，发现异常状况，比如穿着不合理，答非所问，重复言语，或是来回走动、不知道方向等，那么就需问他要到哪里去，接着进行适当协助，如帮忙联络家属或提供方便。最后若还是不能解决问题，就帮忙拨打110电话求助[①]。

（3）建立失智症照护支持网络

失智老人照护支持网络是一个涵盖多个部分的构成，应该包括支持小组、志愿组织、沟通网络、服务网络等。支持网络带有组织性，旨在将零散的社会力量聚集起来，然后借助各种渠道提供给失智症患者，从而推进失智症照护在诸多力量的参与下有序有效地展开。

①支持小组。可以是家庭或机构照顾者之间的相互支持和情感交流，也可以是失智症等患病老人之间的经验分享和参与社区等活动计划小组。

②志愿组织。主要是针对包括失智老人在内的志愿活动的行动群体，如紫色天使联盟、阿尔茨海默病协会等。当然，这些志愿组织是能够为社区老年人提供可获得的服务和影响的。

③沟通网络。是为可能回不去家的四处闲荡老人准备的，一旦失踪，人们会投入大量精力寻找，如果能形成社会公众、警察、服务机构等的沟通网络，就能够迅速反应找到老人。

④服务网络。则更具体为失智老人和家庭提供相应具体的服务的网络构成，可以是多元社会服务主体的参与，提供日间照护、机构照护等形式。总之，有了相互的支持，照护支持网络能够得以建立，并解决患病老人获得有效服务。

———————

① 李剑平．浙江发布接收失智老人机构地图［M］．中国青年报·中青在线，2019-5-26.

三、陪伴是最好的照护

照护，从字面上看就是照看与护理的意思。如果从它要达成的目的来理解的话，有两种照护，一种是基于被照护对象的需要，一旦需要便有照护服务。比如，饮食起居的日常行为方面需要，这些属于事务性的照护，旨在维持患者生活的正常化与生活质量；另一种是基于服务对象精神情感的需要。比如，对话聊天，心理安抚。这一种没有任何具体明确的事情，也没有时间与空间上的限制。旨在使患者的精神情感维持在一个较好的状态。这两种形式的照护其实是相辅相成的，很多时候是无法分开而论的。设想，如果照护仅仅是为了患者吃喝行为，那便类似机械行为，它也无法达到有效目的，为此，它必须深入到患者的身与心统一层面。

因此，我们更应该关注到的是，失智症的照护是在个体丧失其内在的世界性从而陷入孤独之后所给予的，是维持其本质需要的支持，其目的就是要弥补其缺损的世界，使之在某种微妙的状态下获得一种完整体验，这就需要由照护走向陪伴，陪伴本身就是目的。

1.陪伴就是有你在旁

免除失智症者的孤独，是失智症照护的最终目的。

失智症患者也许都会在脑海里构筑一个只属于他们自己的世界，里面装着他们记忆深处最挚爱的一切，顺着时光回溯到孩童的执拗和倔强。这个时候没有药物能够治疗，最亲近的人也无法感同身受，但我们能做的只有依顺配合和陪伴，像我们还是孩子的时候，父母对我们的无限包容与陪伴一样。不同的是那时的他们盼望着我们长大，现在的我们恐惧着他们的永别。没有感同身受，陪伴是最好的安慰！

观察与研究发现，失智症患者往往陷入一种孤独处境，这种不是一般人能够理解的，因此，失智症患者很容易对一个人产生好感。

参与照护过失智症患者的人表示他们曾无数次看到这样的情景："他/她们躺在床上，这时有人从他/她们的病房经过，仅仅是一个人影一晃，他/她们就立刻从床上坐起来，然后朝门口看。其实，按正常思维来说，这人是不会再走回来了，但他/她们或者相信那个人还会回来，或者相信还会有另一个人走过，就始终盯着门口看。"他们对周遭人们的动静非常敏感，虽然他们没有像常人那样丰富的想象，但却有着比常人更加强烈的渴望，渴望有人走近他们。

你只要握握他们的手，摸摸他们的头发，说上几句话，他们就会对你有亲切感，就会有点喜欢你。实际上，他/她们对外界的感觉几乎是空白，而内心对"感知外界"的渴望却在一天比一天强烈，不要说有人和他/她们打招呼，以及对他/她们微笑，即使有人从他/她们身边经过，他/她们也会有点兴奋。"这种快乐，施之容易，得之也易，这是岁月对高危老人的垂爱吧。"

因此，当有人对他/她们打招呼与他/她们说话，他/她们的兴奋可想而知，而一旦有人和他/她们说了几次话，他/她们就非常幸福了。对他/她们来说，他/她们体会着一个人最基本最本质的快乐——有另一个人存在，并且对他/她们表示友好。[①]

陪伴就那么简单，就是在旁，与他们相处！

2.陪伴是深情的守候

从确诊到脑袋空空地离开这世界，大多数患者都要经历八年左右的时间。而在这大约八年的时间里，从渐进性的失智直至生活不能自理，患者与家属承担着许多无法想象的痛苦，这其中最令人深感悲情的莫过于在病程中，由原本亲密无间的共同体逐步变为两条不相交且逆向延伸

---

① 张大诺.她们知道我来过［M］.北京：中国青年出版社，2014：63-64.

的平行线，眼见亲人渐行渐远的背影而无可奈何。此时，除了陪伴只怕没有其他办法。

与常人活在现实中不同，失智症患者是活在过去的人。自轻度阶段开始，失智症患者的大脑思维总是在过去与现实之间游走，家人与患者很难在同一频道上互动。原因就在于，由于定向力包括空间方位、人际定向力等的丧失，导致患者无法确认其所看到的你的真实性，他/她只是记住了过去的你。"现实的"你怎么能与"过去的"患者交流呢？

然而，在患者的一天中，总会有那么一段时间自幽冥状态中被拉回到某种曾经的生活情境，这类似一种过去记忆的回放，家人也因此获得某种与之互动的难得机会。失智症照护中的许多例子都说明了，这种互动都是通过声音来进行的，患者在毫无任何现实逻辑的自我意识活动中，时不时地会跟家人有互动，患者会因此心情大悦，然后又随之即逝，陷入茫然未觉。即便如此，这也将是家人在漫长照护中的莫大幸事。

一般说来，患者于近乎幽冥状态回归生活的回放大概涉及他/她的童年，他/她的爱情以及亲情、友谊，等等。有时候，这种回放是有规律的，有时则是随机的，但都有一个明显的特征，那就是有家人到场随同他/她进入到曾经的生活情境中。

在这些情景中，家人可以扮演任何一个对话角色，比如，患者儿时的外婆，母亲，父亲，兄弟姐妹等；患者的初恋对象，他/她也可能会短时间清醒，对你说"我爱你"；一个踏实的听众，他/她也可能突然间浮现曾经的生活经历，会喋喋不休地说上几分钟……患者是剧情主角，他/她会随时上演。那么，我们就如同影视城中蹲守在路边的群演，随时等候召唤出场，所不同的是，我们是进入到患者的时空结构中，帮助他们经历一次生活，我们是陪伴，是深情的守候。

3.由陪伴走向同体共存

同体共存简单来说，就是指医生、护士、治疗及照护人员等专业人员在面对失智症患者时都不能以局外人的态度来对待，而必须了解他们，与他们同感、共处。照护人员应避免对失智症老人表现的异常行为感到肮脏、厌恶等鄙视态度，因为这对精神上生病的人非常不好。

对于照护人员或护士、医生、治疗等专业人员来说，有时候真正体会失智症患者心中的痛苦也是比较难的。比如，失智症患者会因为孤独感而对身边的人使用暴力。照护者在遇到这状况一定会问施暴者"怎么了"，然后会说"不可以打人"或"被打的人会很痛吧"。与此同时，照护者在脑海中很可能会无意识地想着"此人正因为是失智症患者所以做出奇怪的动作"，甚至还会从行为异常、恐怖等角度来评价患者。

健康的人面对眼前的情境会有各种选择。例如，这里摆放了一杯饮料，正常的人可以完全不去碰它，也可以一口气喝光，当然也可以只喝一口就放着，或者喝一半以上。所以说，对于眼前的单一情境，正常人有无数的对应选择。但失智症患者面对眼前的饮料时，他们会不得不选择大口喝完，这就是失智症患者的特征。虽然有许多选择机会，但失智症患者只会选择一项。明明是自己做出的选择，但却又像是被逼着不得已而做出的选择。

面对失智症患者自相矛盾的情绪，以及与情绪相关的行为，照护者要尽量体会其中的无奈和痛苦，只有这样才能和患者形成痛苦共同体，切身感受到患者的痛苦、烦恼或病痛，进而做到与患者达到最大限度的心灵契合，并获得患者的信任与依赖。

陪伴就是照护者抛弃"正常人"的思维和立场，与患者同向而行。按照失智症患者的逻辑去理解他们的行为，对患者的情绪反应感同身受，站在患者的立场思考问题，从而建立起照护者与患者的亲密合作关系，并走向同体共存。这种同体共存所体现的已不再是简单的照护与被照护的医护关系，而是一种生活关系、一种友好关系，甚至一种家庭关系，患者能够从中获得安全感、归属感与依赖感。这种同体共存足以弥补因为失智而被送往照护机构所导致的传统意义上家庭的缺失，这也正是失智症照护的重要价值维度。

以下是一个很奇怪的场景，已经出现过好几次了。

一个奶奶手里拿着一个电话本，平静地向前走，走到医院前台的电话机前，站定，准备打电话。这时，一个护士蹑手蹑脚走到她身后，站定。

奶奶拿起电话，也不拨号，对电话大声说起来："闺女，我是你妈。你快来看我啊。"

"好，我现在在外面出差呢！过几天就去看你！"这样的声音在大厅响起，它来自奶奶身后的护士。

"那你一定得来看我啊。"

"放心吧，我肯定来。"护士在后面继续大喊。

"那我就挂电话了。"

"挂吧。"护士喊完这句，迅速离开。

奶奶放下电话，表情仍然很平静，她缓步往回走，一边走一边对旁边的人说："我浑身疼，过几天我闺女来看我，来看我。"而护士平静地做着其他事，一切如此平常。

这是脑萎缩老人的一个特异举动，这是护士帮助这个老人完成的一个情感心愿，尽管这种欺骗在别人看来是那么明目张胆，反正奶奶的表情平静而满足。[①]

在这个故事中，电话奶奶显然获得了一种极大的心理满足感，而现场的所有人员都配合得天衣无缝，一切都是那么的自然而然，从而营造出一种看似荒唐但却富有人性味的情境，这就是一种同体共存。

四、爱是照护的灵魂

用力去爱，是人们面对失去的最好方式。

① 张大诺.她们知道我来过［M］.北京：中国青年出版社，2014：67–68.

失智症患者已然失去赖以立足于世界的所有支撑——自己的过去、与环境的互动与适应、与他人的联系甚至与亲人的共处能力，他们如同风雨飘摇中的一叶孤舟等待着救助。失智症照护是一种托付，一种没有嘱咐的托付，是患者将自己托付于照护者的心灵契约。唯有怀着慈悲之心和大爱之心的人才能够肩负起这一重托。

失智症患者的衰退过程是一个不可逆的、漫长的且说再见的过程，在这过程中，照护者必须依靠足够的耐心与爱，通过人性的光辉，照亮那令人心碎的茫然无觉者的归途；同时自我的心智也得到磨炼，从而令自己的生命得以有足够的韧性以应付日后人生旅途中的各种艰难险阻，这大概是照护失智症患者的最大福报！

1.爱是心灵的守护

由于心智渐逝且病程漫长，失智症患者如同独自行走在一条黑暗的幽谷，其心灵之光正逐渐被黑暗吞没。在错误观念里，失智症患者已经没有自我意识，实际上，种种迹象表明，他们仍然保留着哪怕略显微弱的自我意识，而且这时的自我意识——心灵之光——犹如风中摇曳的烛光，随时都有可能熄灭的危险。因此，照护失智症患者就是对失智症患者心灵的维护，以足够耐心和爱心给失智症患者营造安全可靠的心灵环境，唤醒并呵护失智症患者的内在人性。

有位志愿者去看望一位失智老人，她很认真地问："今天是星期几？"这位志愿者回答说："今天是星期三。"听罢老人大声纠正说今天是星期五。这个小伙子强调今天是星期三，结果弄得老人很生气，"你这人怎么这样，告诉你星期五就是星期五！你为什么骗我？！"

后来终于明白了是怎么回事。原来，日历牌并不代表时间而是代表她的孩子来看她的时间，她说："翻一页，我女儿来的时间就近了一天，翻了7页，我女儿就来了。"

她的女儿来看她，然后走了，然后，她的希望就在那个日历牌上，每次撕的时候她都非常高兴，那"刺啦"的声音是她最愿意听的，那个日历牌代表着她对这个世界独特的时间概念，即日期年月都不重要，重要的是，这一天是那"7天循环"中的一天，"7天亲情循环"中的一天……

而那一天，她记得是周五，也就是说女儿再有两天就来了，但我纠正说是周三，则一下多出两天，多出两天的等待，她当然非常生气，以致愤怒。

从那以后，再去看她，每每看她抖抖颤颤地摸出日历牌让我撕，我就会对那本小小日历牌心生敬畏，我也郑重地撕下一页，交给她，然后特地在她耳边说上一句："奶奶，又过了一天！"[①]

2. 爱是一种救赎

每一个陷入阿尔茨海默病的老人，甚至还有年轻人们，他们依然有着深爱的人，有想要完成的事情，也会责怪自己不能记清事情，也会愤恨自己的行为变得怪异滑稽不再是原来的自己。这种感觉可想而知无比地痛苦，并且还会变得更糟。但他们依然在努力地挣扎，挣扎着继续，挣扎着与过去的自己建立联系。直到有一天，他们连这样的痛苦都遗忘了，也遗忘了自己。

面对失智症患者日渐丧失的种种，当我们无能去阻止的时候，唯有爱才能足以补偿与救赎。当面临丧失，我们徒呼奈何时，爱对失智症患者来说，是与他们生命本能相连接在一起的，真正持久的记忆；对家属而言，唯有爱才是打捞起患者大脑海马记忆深处被尘封的人性的细线。爱既能够让患者的生命被赋予尊严，也令患者感受到当下的快乐。虽然，他们无法准确表达与言说，但他们内在意识依然存在，他们与我们的心灵依然相通。

有位女士曾讲过这样一个故事。母亲节那天，她带给她母亲一件家里的老物件——外婆的布包。那是个镶串珠的布包，里面装了一些外婆

---

① 张大诺. 她们知道我来过 [M]. 北京：中国青年出版社，2014：11-12.

的私人物品（外婆在很年轻的时候就去世了，但母亲对她的印象非常深刻，即使在患病以后仍然常常回忆外婆的样子）。当母亲打开布包时，发现里面有双手套、一个外婆年轻时常戴在头上的发梳、一枚宝石戒指、一封母亲的亲笔信，还有父母年轻时的照片。

她小心翼翼地拿出所有的东西，又一样一样地放回去，脸上挂满微笑。之后有很长的时间里，母亲都会静静地坐在那里看着这个布包。她对于外婆最美好的回忆就是看着她在卧室里对着镜子梳头发，她现在也常常对着镜子梳头，然后戴上外婆最喜欢的一个发梳。

3.爱：但求抵达，不求回馈

人们常说，"爱，就是不求回报"。不求回报大概讲的是不要在意你所爱的对象是否对等地给予你补偿，并不是不求对方回应。任何爱总是在相爱的两人之间的情感互动，否则，爱便失去现实基础。然而，经历几十年风雨的夫妻、父母子女之间，会在突然的某一天彻底丧失了这种爱的互动能力，令亲人之间隔着一道永远透不过的墙。

如果此时还有爱的话，此时的爱只怕是无法得到对方的回应了。可是，当我们亲爱的、敬爱的人孤独地行走在无边的黑暗中的时候，我们又怎么能够忍心弃之不顾而独爱己身呢？！

而当我们决定陪伴不幸罹患失智症的家人时，我们便已然决定以我们爱的热度和光明去温暖和照亮亲人，即便是他无法去表达感受了，也要让他沐浴在爱的阳光之下，以冲淡那无情的病魔带给他的苦难。不求回馈，但求抵达！照护者无怨无悔，不改初心。

第五章

失智症患者的照护（下）

不同于一般病患照护以治疗康复为主，对失智症患者照护而言，"照护比治疗更重要，陪伴比药物更重要"。失智症照护涉及身、心、社、智多个方面，而能够将一个人的"身心社智"完全呈现的只有生活，因此，陪伴就是帮助患者回到生活，活在当下。由于失智症患者特殊的心智状况，其衣、食、住、行等生活的各方面都需要我们的帮助，因此，我们应以爱的投入，帮助他们解决因为失智失能造成的生活难题，帮助他们有尊严地走完失智这个无法逆转的人生苦旅。为此，科学制订照护方案、遵循失智症照护的伦理原则、切实落实照护事务并善待照护者本人是失智症照护有效实施的基础与途径。

一、科学制订照护方案

失智症患者一旦进入到病程中，必然遭遇到生活中方方面面的艰难，不仅涉及身体还有心智，这无疑会增加失智症照护的难度。因此，如何在患者、照护者与现有照护资源（包括家庭、社区及社会的相关机构）之间形成最佳照护方案，这就需要严谨面对，科学决策。

1.照顾方案的考量因素

无论对患者而言，还是对照护者而言，必须兼顾患者需求、环境评估与照护者负荷三个影响因子来对诸种照护模式进行取舍选择。

（1）需求评估

首先必须明确的是"谁将担任主要照护者"。如果患病的是夫妻二人中的一人，则配偶通常会承担第一照护人的工作，前提是照顾者要身强体健，有体力及心力照顾另一半。若配偶做不到，子女就得商量、讨论出合适的照顾方式。

如果患者轻度失智时即确诊，家庭应利用适当的机会了解患者对未来生活的期待。例如希望自己住或想和谁一起住、希望聘请看护或去赡养中心、后事安排等。当然，和患者交流清楚上述事宜并非易事，但尽早知道，则可免除之后的遗憾与混乱。另外，在日常聊天时，可以试探下患者的意愿，也可寻找适当的机会（如朋友逝世），在平和的气氛下相互交流。

了解患者对未来安排的期待非常重要。而当无法通过交流了解患者期望，或者确诊时已到中度以上，则需要通过建立评估体系，对照料服务需求进行评估，将服务优先配给最需要的老年人，并根据老年人需求提供针对性服务。比如《上海市养老服务需求评估表》就是依据国际通用的日常生活能力量表以及认知功能评估量表，从影响老年人日常生活能力的生活自理能力、认知能力、情绪能力、视觉能力以及社会生活环境等多方面进行评估。其中，生活自理能力评估项目包括进食、个人卫生、穿衣、如厕及排泄、移动等5个评估事项。评估后得出"正常""轻度""中度""重度"4种结论4个照料等级。可通过评估机制科学界定老年人照护需求是否存在，有哪些需求并根据评估结果为其提供相应服务。

总体来看，失智老人的基本情况是影响照护需求模式的重要因素。第一，失智老人的年龄越大、日常生活活动能力越差，对专业机构的照护需求越高。第二，随着病程的进展，患者自主能力越来越差，照护者面临的照护难度、照护压力也越来越大。一般来说，在病程晚期，患者需要绝对的卧床照护，照护者更加希望专业照护机构的支持。第三，经济困难的家庭照护能力不足，希望为老人找到适合的照护场所；经济水平较高的家庭对照护的需求更加多样化，可以聘请专业人员为老人提供居家照护。可见，收入水平与照护模式的选择有一定关联。

①生活照料需求。失能失智老年人由于存在身心功能障碍，首先最特殊的需求便是日常生活的。失能失智老年人需要他人日复一日、年复一年地协助其完成吃饭、穿衣、洗澡、上下床、如厕、行走等事无巨细

的活动。虽然看似简单的协助，但由于被照顾者自理能力差，需要照顾者投入大量的时间和精力。失能失智程度越高的，照顾者承担的照料时间越长、强度也越大，完全失能失智的老年人几乎需要照顾者24小时全天候的看护。如果最基本的生活照料需求都得不到满足，那么失能失智老年人将无法继续生存。因此，生活照料需求是失能失智老年人维持日常生活、延续生命的最基础的需求。

②健康医疗需求。失能失智老年人大部分都是由于病理性的衰老或意外受伤而导致生理、心理功能无法正常发挥，他们除了需要基础的日常生活照料以维持生命外，还需要提供健康医疗服务，以缓解身心受损状况，提高生命质量。为失能失智老人提供医疗卫生（包括紧急就医、手术治疗、预防疾病等）、护理保健（包括定期体检、日常用药、用品消毒等）及康复锻炼（包括提供康复设施、康复指导、康复陪练等）等服务，可以有效地缓解其病情，改善其身体状况。因此，对于身心受损的失能失智老年人而言，他们的第二迫切需求便是有助于缓解病症、延长寿命、提高生命质量的健康医疗需求。

③社会支持需求。人是一切社会关系的总和，人的生存和发展离不开纵横交错的社会网络关系。普通正常人尚且需要融入社会，建立社会关系，获得社会的支持，更何况是身心受损的失能失智老年人。他们由于日常生活无法独立完成，需要依赖他人帮助，加之身体和心智健康状况不佳，需要长期医疗用药，其必然精神压力巨大、情绪容易激动、自尊心较强而心理脆弱。因此，除了要满足失能失智老年人生活照料需求和健康医疗需求外，还迫切需要满足其社会支持需求。为失能失智老年人建立社会关系网络，开展社会团体活动，提供专业心理咨询以缓解压力、发泄情绪，提高其精神生活质量。[①]

（2）环境评估

照护方案选择本质上就是在个体第一生活环境（家庭）与社会家庭

---

① 刘焕明.失能失智老人长期照护的多元主体模式［J］.社会科学家，2017（01）.

外环境之间进行比较并取舍，从而确立哪种方案更加可取。家庭是个体第一生活环境，而且，在某种意义上，家庭照护方案无论在西方还是在中国都被视为首先考虑的照护方案。因此，有必要对家庭环境，包括物理环境进行评估。而对于社会环境的评估则是为了弄清个体在环境中所能获得的支持水平，由评估可以确定是否对社区照护模式选择。实际上，如果各种评估都呈现糟糕指标，那么，是否可以考虑社会机构照护？

①家庭照护指数评估。家庭评估的目的是了解家庭的结构和功能状况，分析家庭与个体健康之间的相互作用，以及掌握家庭问题的来龙去脉，最后为鉴别与解决个人和家庭的健康问题提供依据。家庭评估这里主要介绍家庭关怀度指数。

家庭关怀指数，主要反映一个家庭成员对家庭功能的主观满意度。第一部分是测量个人对家庭功能的整体满意度。包括：A.适应度：反映家庭遭遇危机时，个人和家庭利用家庭内外资源的情况如何；B.合作度：反映家庭成员间互相分担责任和做出决定的方式如何；C.成长度：反映家庭成员在身心发展与此同时自我实现方面如何获得家庭其他成员的支持和指导；D.情感度：反映家庭成员间相爱的程度；E.亲密度：反映家庭成员间共享相聚时光、金钱和空间的情况。

可列为如下问题：A.当我遇到困难时，可以从家人处得到满意的帮助；B.我很满意家人与我讨论各种事情以及分担问题的方式；C.当我喜欢从事新的活动或发展时，家人能接受并给予帮助；D.我很满意家人对我表达情感的方式以及对我愤怒、悲伤等情绪的反应；E.我很满意家人与我共度美好时光的方式。

第二部分是了解受试者与家庭其他成员间的关系，分良好、较差、恶劣3种程度。

指数越高，表明患者越能得到良好的家庭照顾或支持；相反，则患者依赖医疗保健服务的程度越高。

②物理环境评估。包括对老年人生活环境、居住条件和社区中特殊资源的评价，其中重点评估内容是居家环境安全。

A.老年人居家安全评估。评估居家环境中是否有不安全因素，如地面是否平坦，有无台阶等障碍，有无管线或杂物放置，厨房设备是否安全，煤气炉旁有无易燃物品，浴室有是否有防滑措施，电源设备是否安装妥当等。

B.老年人生活环境评估。居室的生活环境评估应从居室方位、居室条件、防寒防暑功能、空气质量、噪声、色彩、装饰等方面进行。要按照实用、方便、安全、简洁、柔和原则。室外生活环境评估，包括气候条件，建筑物空间格局，是否有刺激惊险因素以及是否人声嘈杂等。

③社会环境评估。包括社会环境评估与社会关系和社会支持评估。

A.社区环境评估。即了解社区文化气氛如何，有无可供选择的休闲场所、卫生保健机构是否完善等。评估内容包括：社区配套设施是否完善？如医院、商店、餐厅、银行、车站、邮局、娱乐场所和公园等是否齐全？是否有提供医疗保健服务、家庭照护以及家政服务的社区机构等。

B.社会关系和社会支持评估。社会支持包括客观、可见的或实际的支持，如物质上的直接援助和社会网络、团体关系的存在和参与；主观、体验到的情感上的支持，指的是个体在社会中受尊重、被支持、理解的情感体验和满意程度，与个体的主观感受相关。评估涉及个体是否有社会支持和关系网络，如家庭关系是否稳定、家庭成员是否相互尊敬、家庭成员国向老年人提供帮助的能力以及对老年人的态度。另外通过对老年人和邻居间的关系，与亲戚、朋友、邻居、同事等的接触频率，参与社会情况和参与社会活动的频率等来了解和评估老年人是否有社会孤立倾向。[①]

---

① 北京老年痴呆防治协会，阿尔茨默病防治协会，国际老年痴呆协会中国委员会.失智老人照护师［M］.北京：北京出版社，2017：104–105.

（3）照护者负荷水平与社会支持相关性评估

老年失智症目前尚无有效的治疗方法，主要凭借护理措施提高失智症患者的生存质量和延缓病程的进展。由于我国医疗保障体制尚不健全以及传统文化的影响，绝大多数失智症患者接受家庭照护，而家庭照护者则面临着来自生理、心理、社交等各方面的压力，随着老年失智症患者病情不断恶化、日常生活自理能力下降及异常行为出现，会引起照护者负担逐渐加重，因此护理人员向照护者提供长期、持续的支持是非常必要的。

失智症是一种慢性进行性疾病，照护质量对患者的生活质量至关重要，而照护者的身心健康是照护质量的重要保证。长期的照护使照护者劳心费神，往往疲惫不堪。目前我国台湾省进行的"长期照护10年计划"针对失智症照护者开展支持服务，其不仅对照护者进行经济补助且由专业人员为照护者提供专业培训、指导及心理支持等服务。此外，为协助家属预防和应对失智症患者的走失，我国台湾地区还开展了一些预防措施，如失踪失智者协寻中心和失智症患者指纹登记等。当前大陆为照护者提供信息和情感支持的方式主要为家访、电话随访以及宣传资料等。虽然也有些医院或社区已经开始开展讲座、交流会等形式为照护者提供支持服务，但这些服务覆盖面极小。

照护者的照护负担会影响失智老人的照护需求模式，照护负担越大，越倾向于选择专业机构照护模式。此外，照护者为照护老人存在减少工作现象的，同样更愿意选择专业机构照护模式。究其原因，一方面，失智老人的照护对很多照护者来说困难重重，特别是多数照护者缺乏对失智症的认知，无法采取正确的方式和心态照护失智老人；另一方面，随着老人病程的进展、症状的加重，照护压力逐步加大，照护者的生活质量会受到严重影响，最初的照护热情会逐渐减退，照护者愈加希望通过其他途径照护老人。[①]

---

① 刘焕明. 失能失智老人长期照护的多元主体模式［J］. 社会科学家，2017（01）.

此外，做过康复治疗和签约家庭医生的失智老人对专业机构照护模式的需求更大。这可能是因为这些家庭更关注失智老人的病情，希望老人获得更专业的照护。

2.照护方案选择

失智老人的照护需求模式呈多元化态势。一般来说，推荐失智症早期和中期患者采取社区—居家照护模式，晚期患者采取专业机构照护模式，但也会受照护负担、经济收入水平等影响。因此，建议对老人的失智程度进行分级评估，结合老人照护情况、经济收入水平等，为其提供差异化服务，为低收入群体提供全方位支持，为中等收入群体提供基本保障，为高收入群体提供个性化服务。

目前我国失智症老人照护的方式以居家照顾为主，以社区照护和机构照护为辅，但机构照护的辅助作用是无可替代的——当失智症老人情况恶化，无法继续在家里生活时，就需要入住各类长期护理机构，由专业照顾者提供照顾。根据照顾机构的类型划分，我国的失智照护机构大致可分为老年公寓、日间照料中心、养老院和在养老院设置的失智照顾单元等。

（1）常见的照护模式

①家庭照护模式。失智症老人的发病特点及病程进展，使很多老年失智症患者留在家中，接受家属的照顾。家庭照护模式的优点在于患者可以在熟悉的家庭环境中，延续和发展自己的兴趣爱好，心情舒畅，身心需求可以得到最大的满足，而且费用较低，因此多数老年人偏爱这一种照护方式。此外，家属与患者的感情深、责任心强，可以更好地改善患者心理状态和鼓励监督患者。

当前的家庭照护存在的缺点，首先是照护者压力较大。在针对老年失智症的家庭照护者的研究中，发现照护者女性居多，长期照护过程中在生理、心理和生活质量上显示出较明显的问题，可能造成家庭冲突，使家庭关系紧张不稳定。其次是照护者能力不足。家庭照护是一种非正式的照护模式，不具有专业性，内容多是对被照护者提供吃、穿、住用等方面的基础护理，照护者往往缺乏对该疾病的相关知识和护理专业技能，护理措施难以到位。再次就是不可持续。这是家庭结构的变化带来的问题。我国独生子女计划时期的父母目前已经进入老年，而少子化带来的是421家庭结构，再加上子女受高等教育的概率增加，流动性大，居住距离也越来越远，使独居老人比例已经超过半数以上，这也意味着可能越来越多的失智症老人不能够获得充分的家庭成员的照护。

②社区照护模式。社区照护就是社会工作者动员社区资源、运用非正式支持网络、联合正规服务所提供的支持服务与设施，让有需要照顾的失智症患者在家里或社区中得到照护，在其熟悉的环境中向其提供照护和帮助的福利服务模式。

社区照护可有三种途径。

A.在社区设置小型专业机构。由政府及非政府的服务机构在社区里建立的小型的、专业的服务机构，深入每个患者家庭，如定期对患者进行评估，针对具体的患者制订出规范的、有针对性的家庭照护计划，适时对患者家属进行鼓励支持及指导等。

B.建构社区支持网络。动员社区内的资源，发动在社区内的亲戚朋友和居民协助提供照护。一是提供直接服务的网络。是在社区内动员家人、亲友、邻里或志愿者等，借此建立一个支援系统去关怀社区内有需要的人；二是服务对象自身的互助网络。这是指建立服务对象本身的互助小组，使他们能够以助人自助的方式互相支持。三是社区紧急支援网络。这是帮助个人及家庭预防突发事故或危机而建立的支持网络，例如某一家庭由于出现意外事件，邻居或其他人可暂时过去代为照护等。

C.社区与家庭联合照护。指社区与家庭紧密结合，为失智症患者提供长期的照护服务。服务主要包括日间医院、日间护理中心、家务护理、康复护士、多元化的老人社区服务中心、暂托服务、关怀访问及定期的电话慰问等。当前，大陆针对失智症患者的社区与家庭联合照护模式开展正处于起步阶段，大城市对日间照护中心支持服务也有开展，但中小城市及农村严重欠缺。

③机构照护模式。所谓机构照护即指由政府或非政府设立的专业性较强的组织机构为失智症患提供照护服务，包括养老院（也可称老年公寓）、护理院（或照料中心）及福利院等。机构照护拥有专门建筑、专业人员以及严格的管理与运行制度，专业化与大规模是两个最突出的特征，因而与家庭照护及社区照护构成本质区别。养老院与福利院相似，通常可以提供有限的监管服务，提供一些社交活动及康乐设施等。护理院通常比一般的养老院具有更完善的医疗设施，可以为患者提供全天候的照护。此外，护理院一般都有专业人员对失智症患者的饮食、药物、心理以及照顾计划等进行管理。

我国长期照护机构从所有制性质和运营模式上可以分为四类——营利性机构、民办非营利性机构、公办公营机构和公办民营机构。这些运营模式的不同又表现出收费标准、服务质量以及民众的选择心理取向上的差异。一般情况而言，公营机构服务质量可靠，但资源有限，患者极难入住；私营机构有些服务质量很好，但收费标准高，造成患者家庭望而却步；但如果换成民办非营利机构则服务质量又难有保障等。在总体上，机构照护的资源仍然属于稀缺照护资源。

（2）家庭如何选择合适的机构

为了让患者得到良好的照护，谨慎选择合适的照顾机构是非常重要的。在选择时不要着急，应慢慢地比较、评估，再做决定。可以从以下几点上着眼。

①有关失智症照护专业能力。若照顾中心的人员接受过失智症照护专业训练，则当患者出现问题时，专业人员会知道如何用非药物或非约束的方式来处理，这样一来患者的尊严及生活质量会比较高。

②离家近。尽量不要选择离家太远的地方。离家近，家人才可以时常去探视患者，一方面可以维持与患者的关系，另一方面也可以减轻那

种无法自己照护的罪恶感及社会压力。

③环境安全、卫生。观察机构的环境设计是否安全，通风、光线是否良好，卫生情况是否良好，机构的患者人数会不会太多，是否会产生过度拥挤的情况等。

④文化环境相同。如果能按照患者的背景来选择合适的机构是最好的。例如，有的照护机构因地域关系，可能会有语言使用上的差异（地方方言、外语），有的机构会设计不同的活动（书法、打麻将、唱歌等）。如果选择患者习惯的环境，有助于患者早日适应照护机构的生活。当无法区分哪家比较好时，家庭要花时间和精力去评估、判断。

⑤工作人员态度。可通过观察工作人员与患者的互动情况，以及处理问题的方式，来判断患者是否能接受到良好的照护。

⑥经济考虑。每家照护机构的收费不尽相同，家庭应问清楚，并衡量家庭经济情况再做决定。

（3）从家庭到机构的转换中，家人的心理调整

现实生活中，虽然家庭照护最适合失智症患者的照护，但落实到具体实践中，则可能由于种种原因导致家人无力有效进行照护，那么，此时最佳选择是送照护机构。然而，从家庭到机构，难免造成家人心理上的不适应，毕竟至亲之人一旦走到这一步，就意味着某种程度上的分离，种种不舍、伤心、内疚及担忧等会困扰家人，进而影响整个家庭现状。送还是不送？当面对不得不解决的实际问题时，就有必要进行自我心理调整，以另一种方式与失智症亲人保持联系。

①送失智父母去养老院并非"不孝"。有不少家庭成员认为，将失智亲人送去养老机构，在某种程度上就是抛弃了他，就是不孝！显然，将失智亲人送去养老院从来都不是一个容易的决定。传统家庭伦理使患者和亲属之间会有某种"伦理契约"——"你永远不会去养老院"，在生病初期，妻子、丈夫、儿子、女儿，或者兄弟姐妹都做过类似的承诺。因此，对于身边的亲人来说，常常会觉得把老人送去养老院是在推卸责任，

这种承诺可能会约束看护者和被看护者的关系，使其陷入一种无解和让人窒息的困境。

然而，实际情况表明，希望尽可能在家里照护老年失智患者，这种想法是很好的。但当病情加重时，会出现各种不可控因素，有时甚至需要 24 小时全方位看护。一段时间后，看护者无法正常休息，一定会筋疲力尽，反倒影响照护的正常进行。

患者家属的内疚感往往是很强的。其实他们自己需要明白，这是唯一能够让他们不至于筋疲力尽的解决方案；当然，要鼓励他们继续关爱患者，而且对病患来说，待在医疗养老院是更好的。

情感上孝与不孝的考虑还得让位于实际问题的解决，或许，将患者送到养老机构从而为患者提供一个相对完善的照护服务，使之有一个相对舒适而稳定的环境，这何尝不是一种真正孝的体现呢？

②懂得放手，委托其他人看管。很多时候，进入养老院后，病患与护理亲属之间的关系仍然是一个问题。亲属当然可以得到休息，但也必须学会让养老院的护理人员去看护，告诉他们，自己在过去几年甚至几十年里照护患者日常起居的方式，而这种"放手"并不总是像想象的那样简单。正如阿尔茨海默病协会会长凯特琳·奥利维说的："把一个已经和我们一起生活了五十多年、又被我们照护了五年甚至十年的人，委托给其他人照护，是相当困难的，有些人甚至产生被剥夺的感觉。"

实际上，我们首先要明确的是，放手不等于放弃，"放手"有两种定义：其一是当患者的病情还在轻度、中度阶段时，照顾者因为体力上无法承受或工作关系，而将患者送到日间照护中心，晚上再接回家里；另一种是当患者到了中度、重度阶段后，产生生理或身体上的问题时，此时的照护工作往往超出一般家属的照顾能力，因此必须让患者到照护机构，接受专业人员全天候照护。

③何时该放手——家属的选择。当我们谈到照护失智症患者相关事项时，一直都在强调不同时期、不同患者会有不同的症状及行为

表现，因此要用不同的方式来照护他们。然而，我们也再三提醒照护者，无论你有多么努力照护患者，总会有觉得能力不足、精力用完的时候。因此，无论如何，都不应该将所有的照护责任及工作揽在自己或少数人身上，而要懂得适时地寻求家庭以外的支持。这就触及放手的时机问题。这是失智症患者照护中对照护模式变换与选择的重要问题。

很明显，放手就是将对患者的亲力亲为式照护转换成由他人的照护，使患者离开自己的视野，这难免让亲属产生情绪上的反应，包括舍不得、害怕患者不愿意去机构、害怕机构照料得不好，以及害怕舆论带来的社会压力等。当然，我们要充分认识到，心里的担忧与舍不得是很自然的事情。

我们需要意识到的是专业机构照护质量肯定有家庭照护无法企及的优势。当然，要选一间合适的机构需要家庭对相关机构全面了解与评估。患者不愿意去照护机构的心理同样正常。因为患者会有依赖、喜欢熟悉的环境、拒绝行为等情况。不过，事实上，当他们发现在照护机构有很多朋友、可以做很多活动，习惯了那边的环境和工作人员之后，很多患者的快乐程度反而会提高，进而喜欢去照护机构。

常见的情况是，如果家人很少去探望患者，时间久了患者反而会不认得家人，而把机构的工作人员当成自己的亲人。当然，在最初，家庭最好采取渐进式措施，让患逐步地适应，不必强求一步到位的适应。至于外界的舆论压力更不必在意，关键是患者能够得到最好的照护服务就能说服别人。

3.长期照护是未来大趋势

长期照护（Long-term care）是指为具有身体或心智疾病的、存在身心功能障碍的、日常生活不能自主完成的人群提供的一系列长时期服务。长期照护较之一般的生活照料更具有专业性，它要求照护者具备一定的相关知识和技能，能提供一些康复和护理服务。长期照护较之单纯的医疗护理，在内涵上更具有广泛性，它不仅包含诊断治疗和护理，还包括日常生活照料、社会心理支持等；在时间上更具有长期性，失能失智者往往在长时期内或终身都需要他人的照护。因此，长期照护是日常生活照料、医疗护理和社会支持的有机结合。①

发展长期照护保障制度是国际上流行的做法。"针对失能失智人群，用社会救助、社会福利、社会保险相衔接的方式，建立起一个保障制度，涵盖应有的专业化设施、服务提供、资金筹措和关爱系统，做好这一工作能够大幅度提升失能失智人群的保障。"通过建立和完善长期护理保险制度，能使人们在没有进入老年的时候就能做出准备，有一种"将来得到服务"的预期，对于普通民众防范风险、提高安全预期十分重要。

长期照护是一种必然趋势。失智症是一种进行性综合征，其复杂的医疗临床特征决定其健康照护需求不同于一般慢性疾病或者普通失能状况，而对诊疗和照护的专业性与持续性具有较高较严的要求。在疾病诊疗方面，失智症需要经由专业医生诊断，并通过用药等方式干预治疗，但目前中国城市地区的失智症就诊率尚低于30%，在农村地区更甚。究其原因所在，一方面是中国失智症专业教育和诊断医疗团队建设严重滞后，另一方面则是初级疾病预防体系仍不健全。

在健康照护方面，家庭照护是中国失智老年人长期照护的最主要模式，社区居家照护和机构照护为家庭照护提供支持与补充。随着中国向家庭规模小型化与居住方式空巢化发展，由家庭成员提供失智老年人长期照护的模式已难以为继，迫切需要加强正式照护服务的支撑、补充作用，以维护家庭发展、代际和谐与社会安定。

---

① 刘焕明.失能失智老人长期照护的多元主体模式［J］.社会科学家，2017（01）.

二、失智照护的基本原则

失智症患者照护不同于一般病患照护，后者往往是短期性行为，在住院期间接受相关服务，一旦疾病痊愈则可以结束这一服务。而失智症病程跟个体人生是分不开的，一旦被确诊为患上此症，那么个体就与失智病程为伴，直到人生终点。因此，对失智症患者的照护本质上是陪伴他/她走完余生。因此，除了一般病患照护所遵循的技术性准则之外，还必须遵循以下基本原则。[①]

1.整体性原则

随着医学模式从传统生物医学模式向生物—心理—社会医学模式的转变，人们对个体生理、心理、社会适应能力的整体性认识逐渐加深。失智老人早期出现记忆减退、定向力障碍及人格改变，随着病情发展到中期，记忆障碍和定向障碍日益加重，语言功能、自理能力明显下降，甚至出现视觉失认等症状；加上老年退行性变化致多种疾病共存，疾病间彼此作用，共同影响老年人的身心健康和社会家庭支持系统。因此，照护者应树立整体照顾的观念，从多角度关注影响失智老人生活质量的因素，如观察失智老人的饮食、起居等日常生活有无异常，智能方面有无减退，人际交往有无障碍，是否愿意参加社区或集体活动，家属照顾者压力状况等，以提供全方位不同层次的整体性照顾服务。

2.个性化原则

尽管失智老人普遍存在认知、精神及语言方面的障碍，但个体在经

---

① 北京老年痴呆防治协会，阿尔茨默病防治协会，国际老年痴呆协会中国委员会.失智老人照护师［M］.北京：北京出版社，2017：110–113.

济条件、文化水平、人生阅历、疾病状况等方面仍然存在一定差异。情感方面有些老人表现为躁狂，有些则表现为抑郁；行为方面有些老人表现"徘徊症"——整天不停漫步或夜间要求外出，部分老人表现为活动减少、呆坐；饮食方面多数老人食欲不佳，但有的老人则不知饥饱，过量饮食。所以，在照顾失智症患者时，照顾者应认真观察和总结，依据患者不同病情特点，采取个性化干预措施。如，对于饮食减少的患者，照顾者在与营养师、医生充分沟通不影响病情的前提下，允许患者选择个人喜好的食物，安排患者在熟悉的环境中用餐，延长用餐时间，少量多餐。对于不知饥饱、不断进食的患者，照顾者应把用过的餐具放入洗涤盆，以提醒患者不久前刚进食完毕，同时增加活动项目，转移其注意力。

3.安全性原则

失智症造成患者空间能力、对周围事物的认知判断能力以及对危机事物的分辨能力等均处于逐渐丧失过程中。因此，安全问题是一个突出问题，保证安全也就成为失智症照护的一项基本原则。失智症患者的安全性照顾包括两方面，一方面是对失智患者自身安全的防护，另一方面是对失智患者家庭及相关人员的安全防护。失智患者的自身安全包括防跌倒、防坠床、防噎食、防烫伤、防走失、防自伤、用药安全的监督管理、居住环境的管理等。

4.参与性原则

照顾者帮助失智患者恢复和维持健康，切忌大包大揽，一定要鼓励患者自主运动，减少对他人的依赖，逐渐促进其独立。要以综合康复为主，围绕记忆训练、注意力训练及其他认知功能训练等环节展开，采取"现实环境向导"，缅怀治疗、记忆训练、音乐治疗等有趣的活动或游戏方式进行，充分发挥失智患者剩余能力，重点提高生活自理和参与社会活动的能力。如早、中期失智患者可在照顾者带领下做些擦桌子、择菜等力所能及的家务；瘫痪的失智患者主要是加强身体功能康复训练，防止关节挛缩、肌肉强直，达到改善个体和家庭生活质量的目的。

5. 连续性原则

失智患者常合并多种慢性疾病，多器官机能衰退，病程长，不可能长期住在医院，多数患者在急性期过后，会从医院转回养老机构或家中缓慢康复。鉴于此，为失智患者提供从医院到社区、到养老机构、到居家的连续性服务尤其重要，社区和养老机构的医护人员在失智患者康复促进中起关键时刻作用。通过出院后康复训练、健康教育、定期检查等连续性专业服务，延缓失智患者机能下降，减轻失智症患者因疾病及家庭负担遭受的痛苦，最大程度上促进自我独立，实现健康养老。

连续性服务是指居民可以接受不间断、不重复的一系列协调的服务，它强调整体性思路和制度安排。长期照护服务的连续性应该包括服务内容的连续性和机构的连续性。

（1）服务内容的连续性

主要涉及的是预防、保健及治疗等为主要内容的工作安排，从考虑老年失智症的发病因素、病程到康复需求，为不同健康状态的失智症老人提供不同层次的连续性服务安排。

（2）机构的连续性

主要依托家庭、社区、机构的支持和服务提供，是对医疗服务和社会服务的整合。

三、失智症照护的主要事务

失智照护与一般病人照护相比，既有相同之处，也有不同之处。其共同之处就在于基本生理需要上的满足。不同则在于，一是，病程发展到一定时期之后，对生理需要的满足还必须涉及病人心智不配合的难题；二是，更多还触及心智、情感方面的事务。这样的话，便显得更加琐碎难做；三是，不同个体具体照护对策不同，不同病患之间很难有相同的照护模式。因此，熟悉失智症照护事务非常重要。

1.失智症照护中的环境安排

现在许多研究都证实，失智症患者的生活环境安排得宜，可以有效延缓病程发展与病情恶化。适度将环境做点变化，有助患者发挥现存的能力。协助患者参与日常生活，做简单家务，如折叠衣服、擦拭餐桌、洗碗等能力所及的事务，可以帮助他独立，建立自信心，并减少照顾者的负担与压力，也能让受照顾者与照顾者彼此的互动关系较为良性正面。

失智症患者多已进入中高年龄段，视、听、触、嗅等感觉逐渐衰退，对环境事件的反应力变弱，加上疾病影响，使得认知功能也减退，因此，失智症患者的生活环境应着重安全性，并兼顾认知的提供。环境安排必须考虑安全、舒适及认知三个要素。

（1）居家安全环境要点

如何消除安全隐患？首先，把家中危险的物品锁在柜子里或放到老人拿不到的地方，如药物、菜刀、其他有害物品，以防其在抑郁、幻觉的支配下发生自残自伤。

把杀虫剂、汽油、油漆、清洁剂等物品稳妥保管，以免轻度患者可能会不当使用这些物品。检查燃气管道安装是否牢固，软管、阀门处是否漏气，燃气炉灶处是否通风良好。

其他如果误用可能引发火灾或伤害患者的煤气、电器等也要妥善管理，失智患者不宜单独承担家务。各种电器，如电饭锅、微波炉、电风扇等电器尽可能不要拖着或搭在桌边。桌子、茶几等家具的边缘、尖角加装圆弧角的防护垫，以免碰伤患者。电视机、DVD机等比较重的电器，要远离桌边，书架最好能与墙体固定。

其次，在窗户及阳台上安装护栏，以防患者情绪失控时攀爬阳台或窗户发生危险。

（2）认知功能环境安排

居家环境的布置，除了要注意患者的安全性，对于认知障碍的失智症患者来说，环境布置必须兼顾认知功能方面的安排。

时间现实感提示。可在经常活动区域，如客厅、卧室，摆上日历、时钟，且字体宜大，最好只有简单数字，不要有过于复杂的内容在日历或时钟上。室内可以依照节令气候摆上不同的盆栽或装饰。

物品提示。在常用物品贴上或写上明显的名称标识，如漱口杯、牙刷、毛巾、洗发精、沐浴乳等；室内空间也要贴上标识，如厕所、厨房、浴室、卧室、电灯开关等。

怀旧情境提示。可以将患者过去喜欢的照片、海报等作为环境布置，也可经常播放患者熟悉的音乐、电影、电视，让患者经常回味，使情绪愉悦。客厅或卧室内可摆放家人照片，增强对人、时、地的认同感。

2.失智症照护中的日常事务[①]

（1）穿衣着装

为失智症患者着装往往是一件颇费时耗神的事情，而且还不一定穿着妥当。比如，一位患者高高兴兴准备外出，在出门之前他到房间换衣服。过了半个小时，他终于换好衣服走了出来，但却在身上穿了三件衬衫。这样的现象太普遍。因此，着装照护同样是日常照护中的重要事项。

着装照护原则。选择透气舒适材质的衣物，不需讲求华丽；选择穿脱方便的衣物最重要，最好是可直接套上去的款式；帮患者依穿衣顺序

---

① 邱铭章，汤丽玉.失智症照护指南［M］.北京：华夏出版社，2016：113–124.

把衣服排列好，以便他能自行穿上；衣着应尽量简化，不要太多，并收起非当季衣物；在旁指导，协助患者顺利穿衣。

常见穿衣障碍及照护方式有：穿错衣服，可能是由于不知穿衣顺序，如果患者可以自己穿的话，不妨帮他按穿衣顺序将衣服排好；穿着不合气候与场合，原因可能是不知如何选择，不如给予患者简单的选择，例如二选一，根据天气变化，帮助患者增减衣物；无法穿戴整齐，原因可能在于不知如何扣纽扣或拉拉链，甚至可能动作不灵活，在照护时，不妨将衣服简单化，松紧带式、粘贴式，方便穿脱；拒绝换衣，原因可能是只喜欢某些衣服，照护时，对患者喜欢穿的衣服，同样式、同花色多准备几套即可。

（2）饮食照护

如何照料好家中失智症患者的生活，对很多人来说都是一件难事。尤其是失智症患者往往伴有食欲减退、便秘、吞咽困难、口腔溃疡、牙齿疼痛及情绪抑郁等并发症，影响其最基本的一日三餐，导致体重下降、营养不良甚至诱发其他疾病。

照护原则。准备失智症患者喜爱的食物，依其喜爱的方式及口味烹调；选择适合咀嚼及吞咽的食物，必要时将食物切成小片并煮到软烂以利吞咽；食物温度要适宜，不要太冰或太烫；尽量让患者在固定的时间、地点、同一位置用餐；用餐环境应舒适，光线充足、环境安静，不要有嘈杂的音乐或噪声；简化餐具，并准备易持、易用的餐具，如以汤匙代替筷子；定期检查冰箱，丢弃过期或不新鲜的食物，以免患者误食；不要将食物全部摆在伸手可取的地方，以免患者吃得过多。

常见的饮食障碍及照护方法：

①还想吃。有些患者会不断地要求吃，原因可能是忘记了吃饭、饥饿与饱足感异常。提醒他肚子还是饱的、饭后打勾记录，此时照护者可以给他一些低糖、低热量、高纤维的饼干等，以免吃得太饱，且不要一直跟他强调他吃过饭了。

②拒绝吃东西。a.如果因为情绪不佳、抑郁，照护应营造愉快的用

餐环境，给患者吃他喜欢吃的东西，在时间、地点及位置、方式上用餐正规化，带患者就医解决抑郁症；b.如果因为肚子不饿，那么应少量多餐，正餐吃七八分饱即可，饿了再给少量小点心；如果是食物温度太烫或太凉，那么应该注意食物温度；c.如果因为牙痛，那么应该注意口腔清洁，以免感染。正确刷牙，必要时去看口腔科医生；d.如果因为便秘腹胀，那么应注意摄取足够的水分及纤维素，并请医生开些有助排便和消胀食的药；e.如果因为活动量少，那么需要增加活动量，如每天多散步等。

③吞咽困难、容易呛到。此症多见血管型失智，因多重性脑卒中造脑干或大脑—脑干吞咽功能障碍；亦见于其他类型失智症末期。常见照护方法是将食物切成小块并煮软以方便患者进食，若仍有困难，则可加入土豆泥、麦片、淀粉类来勾芡，可经食物处理机打碎后加入增稠剂变成泥状，以利吞咽，避免呛到。

④食物含在口中，久不咽下。常见各类失智症末期。可用言语提醒、经触患者嘴角或出示空汤匙来提醒咀嚼、吞咽。若超过5分钟仍无法吞下，则将患者口内食物挖出，待其清醒或因饥饿想进食时再予以喂食。

⑤营养不良、水电解质紊乱、体重下降、容易感染。原因可能是吞咽困难处理无效造成热量、水分摄取不足。照护可在短时间放置胃管，长时间进行经皮内视镜胃管。以胃管进食来补充水分和电解质。

（3）排泄照护

排泄行为障碍是失智症患者一个突出的问题，由于排泄不仅关系到患者自身的卫生健康，也关系到家庭里的环境卫生，因而非常重要，但由于其特殊性故照护操作起来又颇有难度，很是考验照护者的耐心与照护质量。

厕所处应有明显文字或图片标示，让患者容易找到，最好是将门打开让患者容易看到；通往厕所的通道应该畅通，不要堆积杂物，以让患者容易到达；辨识患者的尿意讯号或家人带他上厕所（白天约1~2小时1次）；让患者摄取足够的水分和纤维素，以免便秘。

常见排泄行为障碍照护：

①将大小便排在裤子上、到处大小便的情况。A.找不到厕所。用鲜明图片标示厕所所在位置；使马桶周边颜色鲜明，以利对准目标；晚间限制喝水量，在床边备马桶椅或厕所开灯，以方便患者半夜排尿。B.不知应到厕所解决，应定时带患者上厕所（白天约1~2小时1次）预测患者需要；观察患者的尿意讯号（如拉扯裤子）。C.来不及或不会说。应选择易穿脱的裤子。D.不知如何表达需要。应观察患者的尿意讯号（如有拉扯裤子的动作）。E.对尿意或便意感不知如何反应。应定时带患者上厕所；观察患者的需要。F.大小便失禁。首先是定时上厕所；使用成人纸尿裤（切记千万不要对患者说"尿裤"的字眼，而要告诉他这是进口的、最新型的"卫生裤"）。

②玩排泄物。由于不知如何善后、对排泄物好奇等，不应责骂、羞辱患者。清洁完毕后转移他的注意力，让病患做其他的事。

③长时间便秘。起因于药物影响或活动过少。照护时，应注意足够的水分和纤维素吸取、每天多活动身体以得到排便；记录排便情况，长时间未排尿或排便时，注意有无便秘或尿路感染问题。

（4）睡眠照护

失智症患者的睡眠障碍随着他们认知及生活功能衰退而加重。失智症患者夜间醒着的时间变长、醒来的次数会增加，且深度睡眠与快速动眼其睡眠时间变短，造成日夜颠倒、睡眠时间破碎化，白天打瞌睡次序变多、累积时间变长，但其中大部分都属于效率不高的浅眠。因此，睡眠照护是一项重要的日常照护事宜。

照护原则安排规律作息，包括起床、入睡、进食、洗澡、运动。增加白天环境刺激，包括照明、声响、言语、肢体接触、感官与活动的刺激等；夜间的活动量与刺激量要逐渐减少，建立睡前仪式，如睡前刷牙、换睡衣、上厕所、听老歌或熟悉的音乐等；白天需要增加户外活动时间，至少1小时以上的活动。若患者经常很早入睡，有睡眠时间提早的现象，则可以傍晚多晒太阳。反之若患者每天很晚才能入睡，有睡眠时间延迟的现象，则可早晨多晒太阳，帮助调节生物钟。

常见睡眠照护：

①夜间活动与夜间躁动。患者因焦虑、抑郁或幻觉、妄想等精神行为症状，而造成入睡困难，以及夜间尿频。照护方式：先排除患者因身体或脑部疾病产生的精神行为症状，并针对疾病或症状给予药物治疗，但要注意药物副作用；夜间尿频可减少晚饭后的水分摄取，并使用纸尿裤。

②白天嗜睡与过眠。原因在于日夜节奏异常、白天睡眠或卧床时间太长，或因夜间躁动或周期性肢体运动症、睡眠呼吸中止症等影响睡眠质量的睡眠障碍。照护方式：规律作息、增加白天的环境刺激量与活动量；针对睡眠障碍个别解决，如有睡眠呼吸中止症，可以尝试侧睡或使用把阳压呼吸器（睡眠呼吸中止症的病人在睡觉时，只要把阳压呼吸器罩在鼻子上，呼吸器就会把气流送到咽喉，使病人呼吸顺畅）。

③日夜颠倒致睡眠破碎化。原因在于掌管人类生物钟的视丘下核退化，视黑激素分泌下降。照护重点在于规律作息、增加白天的环境刺激与活动量；适时使用视黑激素，利用亮光疗法。

（5）卫生清洗

失智症照护日常事务中，卫生清洗是一件令人头痛的事情，不仅是因为它涉及个人身体暴露的隐私，也因为它是针对身体的操作，比对某样物品的操作要难得多，但它又事关患者卫生问题。往往围绕家中一位失智症患者洗澡一事就得劳师动众、全家出动，实在是令人头痛。显然，除了这件事本身的特殊性之外，还自有一些操作上的技巧性值得我们借鉴。

照护原则安排充足的时间洗澡，不要太急、太赶；营造舒适、安全的洗澡环境，去除令患者不安或害怕的物品；水温应适中（摄氏35~37度），不可太冷也不可太烫；注重患者的隐私，给患者洗澡时动作要轻柔。

①由于患者主观原因拒绝洗澡的照护。有些情况可能是由于患者不

了解洗澡的意思、目的和方法。此时，照护方式可采取如下做法：依照患者过去的洗澡习惯来进行，例如固定的洗澡时间和方式；让患者自己在日历上做记录，帮助他记录洗澡时间，当他拒绝时指点给他看；依照情况弹性调整洗澡方式，可坐着洗、站着洗，可在浴室洗、可在房间擦澡，可分段洗（上厕所时洗下身、心情好时洗上身），不必天天洗等。

如果是心情不好不想洗的话，可选择患者心情好的时间让他洗澡（或帮他洗），或评估最适合洗澡的时间（如阳光比较充足、浴室光线较好，或天气较温暖时）；洗澡时帮助患者准备他喜欢的物品，如会喷水的鸭子、水枪，或播放他喜爱的音乐；还可用条件交换，如患者喜欢出门，可答应他在洗完澡后带他出去走走；当然，也可以在他拒绝时顺着他，转移其注意力，过一会儿再试着劝他洗。

②由于客观原因造成患者拒绝洗澡的照护。A.曾在浴室摔倒，因而对浴室环境产生恐惧。照护要营造安全的环境，例如在地面及浴盆底部做好防滑措施、在墙壁上安装扶手；B.对浴室内的物品或摆设感到害怕，例如害怕水龙头、不喜欢浴室内的雾气灯等。照护时可遮盖镜子（如果长辈害怕镜子）、准备好洗澡水和衣物、明亮光线（减少错觉的产生）；C.觉得浴室很冷或觉得水流声太吵。照护时应营造舒适的洗澡环境，例如在天气冷时先使用暖气加热使浴室内光温暖、提前放好洗澡水以免声音太吵；D.较在意个人隐私，不愿意其他人帮助洗。照护时可给患者简单的选择机会，让他觉得拥有主动权，例如先洗脸或先洗背、先脱裤子或上衣；重视患者的隐私与舒适，协助时动作要轻，用大浴巾包裹身体，或者在背后帮忙以减少尴尬；可考虑夫妻一起洗或偶尔去泡温泉。

③洗不干净时如何照护？原因可能是觉得皮肤会痒、不舒服，也可能由于动作不灵活，时间不够洗不干净。照护时应避免温度过高，减少使用肥皂以免皮肤干燥；给患者和自己充裕的时间，慢慢来，例如用一个早上的时间准备、洗澡、收拾。

④洗澡时间太长如何照护？原因可能是不知洗澡顺序，因此在浴室呆坐、只顾着玩或被浴室其他物品吸引。照护时应注意温和地引导患者，

一个指示、一个动作，做不好没有关系，但要适时给予帮助；多鼓励、少责备、少催促。

（6）活动照护

失智症患者必须有一定的活动量，尤其是在轻度甚至中度早期，照护在遵从个体独立意愿的前提下，要力求尽可能既不影响患者的行为，也要保障患者相应需要的满足，更要保证安全。

①做好身份识别。失智老人外出活动应随身携带身份识别标识，以方便在出现意外以及走失时提供基本信息。身份识别标识没有统一的制式，但材质应采用防水材料，其内容一般要包括姓名、出生年月日、家庭住址、两名联系人电话（最好是移动电话）、病史、血型及药物过敏史等；外出时最好着鲜艳服装，以便走失时易于寻找。

②活动的时机与内容。户外活动一般应选择在阳光较充足时段，多在上午10点以后，下午日落之前，每日应保持不少于2小时户外活动时间，每次30分钟，如果患者体力充沛，则可适当增加活动量。活动内容以有氧运动为主，如散步、四肢小幅度运动等，以不引起患者心率剧烈变化为宜。避免阳光直晒，如遇天气状况不佳则可选择室内活动场所[9]。

3.失智症照护中的沟通事务

目前，失智症照护观点认为，在轻度阶段更多注重尊严，随着病情发展，关注重点转向健康和安全方面，但不容忽视的是照护观点中多聚焦日常的生理照护，可能会使得照护机构在硬件环境、人事、照护者本身的工作任务等方面形成的照护服务氛围皆以非沟通为主。此外，在出现人力、时间等限制时，照护服务多会出现任务导向，沟通可能无法适当倾听，从而亦无法探究老人的问题根源。失智症照护服务强调"以人为本"，尝试在照护服务过程中与不同病情阶段的失智症老人沟通将是重要的体现，

沟通常表现为双向性，而在失智症照护服务中则大多为非双向性的，

并且随着患者病情和日常生活功能的衰退，其沟通能力和语言运用也愈加困难。面对沟通困境，照护者如何与患者进行互动和沟通是值得探讨的话题。

在服务实践过程中达成了"在了解患者需求的基础上，提供的服务需符合患者的实际现状"的共识。沟通是了解失智症患者、发现其需求的重要途径，因此与患者保持良好且有效的沟通是非常重要的。

（1）语言沟通

语言是与失智症患者进行直接沟通的有效方式之一，也是照护者与患者建立信任关系的有效要素。一般有效的沟通需要互动双方具有接受信息、理解信息及发出信息/做出反应的能力。失智症老人的语言运用能力也会受到影响，在略轻度和轻度的认知功能衰退阶段，老人的用词和语句多重复，但无失语的现象，在这一阶段，家庭或身边熟悉的人会发现老人的身体慢慢发生变化。

关于与失智症患者沟通的有效程度，身体语言和说话音调占90%，讲话内容只占10%。身体语言包括面部表情、身体姿势等。因此，照顾者可以多借助非语言的方式来和患者沟通。若失智患者能接受的话，可借助拥抱或触摸的方式来表达爱和关怀。最好的沟通是谈些患者熟悉的快乐往事，因为失智者的远期记忆受影响的时间较晚。[①]

失智者可能因为认知、视觉、听觉功能的退化以及环境因素影响，从而产生和失智症患者沟通不良的问题。因此，在和失智者沟通时，若能注意下列事项，或许有帮助。

①确定他们听到你在对他说话。根据失智者的需要，可在互动中常叫他的名字并说出照顾者的姓名，谁在照顾自己。说话时眼睛看着他，并让自己在失智者视线范围内，确定他能看到你、听到你说话，也知道你在和他说话。

②话语简短清楚，并用手势、身体姿势、图片来辅助。指导患者做

---

① 邱铭章，汤丽玉.失智症照护指南［M］.北京：华夏出版社，2016：71-73.

事，将复杂步骤分解成几个简单步骤，试着一步一步地引导，并肯定已经完成部分。一次只给一个指示，一次只问一个问题，若患者病情为中重度，则应以肯定句代替疑问句。

③依据失智者的理解能力，调整说话速度。慢慢地说，避免音调过高，因为这样反而会听不清楚。必要时不断重复这些话，并使用相同的用语或说法。提供简单选择机会，如散步或是看电视，并给失智者足够的时间反应，不要催促他回答。

④留意失智者是否有身体不适。失智者的生活环境应安静、少噪声，留意失智者是否是有身体不适之征兆或过于疲累。请医生评价听力及视力障碍，必要时佩戴眼镜或助听器。

⑤多肯定、少否定、勿争辩、不纠正。多说"您可以……"少说"你不可以……"避免和失智者争辩，或催促、责骂、指使患者，也不要表现出"怜悯"的态度，或一直问他"记不记得……"

（2）非语言沟通

失智症患者在重度认知功能衰退时期，身体状况比较虚弱，大多无法自主行动，卧床的时间很多。患者接收信息的能力变得很弱，到非常严重的时候对外界环境中发出的信息无接收能力。在照护过程中很容易是照护者"占主导地位"，甚至照护者常因洗澡、进食等日常起居与患者发生冲突。

随着病情的变化，照护者的沟通应对方式上应体现如下特征：一是注意语句简短，用老人习惯的语句；二是在沟通时温柔、耐心；三是病情达到严重状态时，需多观察患者的非语言信息和身体反应。

不要把沟通仅仅理解为思想情感交流，也不可以理解为相互理解，因为，失智症患者已经无法理解与表达。因此，解决实际问题才是真正的沟通。正因为这样，非语言沟通更加重要与有效。

非语言沟通可以有很多途径，关键在于找到一个解决患者当下问题的手段或工具，而这需要灵活机动，完全看患者能否接受。

"这是我第一次照顾患有这种病的老人，他儿子告诉我他以前很喜欢古诗词，现在也经常拿着书看。其实我也会给他拿报纸看，另外买了一块小黑板，他可以用粉笔在上边练字，有时候他写的字歪歪扭扭的，看不清楚，但是总比不会说话强多了。"

"她刚入院的时候，一天到晚吵着回家，最开始还有手机，但是打电话太多就欠费了，那时候就说儿子不来看她，其实她儿子过来看过她，只是她忘记了。后来没办法，找了一个本子，家人看她的时候记下时间，签个名字，她自己也记'已经见到谁谁谁了'，她再说没人看她的时候就拿出来给她看，她的情绪会稍微缓和些。"[①]

（3）沟通姿态、方式与服务质量

沟通的姿态和方式也会对照顾服务的质量有所影响，照顾服务是一个持续性的过程，照顾者必定会出现疲惫期，需定期或不定期地疏导内心的抱怨和不安情绪。沟通环境应安静无干扰，还需注意说话速度放慢，咬字清楚；利用患者熟悉的字眼，以肯定的带有温暖的语气和患者讲话；如果患者不注意听，过一会儿再试；最后应注意观察肢体动作、表情等，通过非语言的沟通方式与之沟通。

（4）一个原则：减少与患者冲突

阿公这几天不但吃饭很少，也不爱活动。儿子和儿媳妇觉得很奇怪，担心阿公身体不舒服。医生检查之后发现，阿公似乎在情绪上有些问题，便询问儿子最近是否有什么事让阿公不愉快。儿子想了很久，才突然记起前两天天气太热，可是阿公一定要穿喜欢的那件厚外套出门，他怕阿公热坏了，坚持不给他穿，阿公很生气。但没想到，已经过了好几天，阿公的情绪仍然无法恢复。

仔细想想，阿公的情绪可能源于他曾经与儿子产生了冲突，最后影响到照护。一般来说，生气的情绪不容易排解，可能事情过去了，但坏情绪还在。也就是说，患者可能已经忘记了曾经发生什么事，但他就是一直气呼呼。所以这里要特别强调，面对患者时不要强化冲突，以免强

[①] 王正蓉.失智症照顾服务的沟通路径与养老机构服务质量的探讨——基于汉密尔顿操作性问题的访谈分析［J］.中国社会工作，2018（6）（下）.

化患者生气的情绪。保持患者的好心情非常重要，这也是为什么时常提醒照护者，勿与患者正面冲突，不要和他产生争执。因为患者心情不好，配合度低，容易对照护者造成困扰。

研究表明，记忆与情绪关系密切，人类的脑部透过杏仁核来调控海马回的记忆功能，良好的情绪有助于学习与记忆。经常称赞患者，与患者建立"好朋友"的关系，和他站在同一立场上，对照护很有帮助。

四、失智症照护者的自我照护

迄今为止，相当多的失智症患者在家休养，由家庭成员和朋友照护。照护者的最大群体是配偶，接着便是女儿和儿媳；儿子作为照护者所占比例最小；此外，还有孙子、孙女、侄子、侄女也提供照护。尽管照护者复杂多样，但不可否认，照护者主要是妇女。妇女作为主要的照护者，她们除了承担工作、家务以及其中的一些责任外，这些妇女照护者还要花上足够多的时间来照护失智病人，大量的照护者体验到如沮丧和筋疲力尽等情绪上的压力反应。如果不顾及自我的话，极易陷入"蜡烛两头烧"的困境。

1.照护者的角色认知

成为一个照护者意味着什么？做一名照护者就是去帮助一些不能自我照顾者，使之能够有质量有尊严地走完这漫长的失智病程。从某种程度上说，照护是所有人际关系的一种普通组成部分；它是一方为了另一方的身体健康而倾力奉献的真挚表现。一些人把照护体验视为一种真实的精神上的经历；然而，另一些照护者却把它视作一种负担。

照护者可以分为两种类型：主要的和次要的。如果你是主要者，你就要照护你所要照护的那个人所有个人的、后勤的和感情上的需要。这其实就是一份全职工作。如果你是一个次要照护者，你只需要在较短的时间内做较少的工作，你可能会研究关心的问题和处理经济方面的担忧，你也会自愿去帮助完成体力活或者去做一个付费的助手。当你住的居所离你要照护的人有一定距离且有一个承担主要照护者角色的亲戚时，你或许就可以履行这些功能并提供支持。

当失智症降临到夫妻一方的身上时，另一方就常常要承担起主要照护者的责任。结果，一个大家庭里的责任和地位的平衡就改变了，你和你的爱人相互间的关系就要承受一些基本的改变了。

失智症的降临粉碎了夫妻的梦想，他们梦想一起终老，在没有工作压力的情况下一起度过他们的黄金岁月，一起到他们想去的地方旅游。不管年龄如何，当一方变成了需要帮助的人，不再像双方过去那样能够相互扶持或依靠时，夫妻双方在身体上都经受了根本的改变。

而到现在，夫妻双方角色完全颠倒了，当丈夫失智时，妻子发现自己成了家里家外的主角，什么事儿都得自己揽、自己扛，而所有的这些职责过去都是由丈夫负责；而妻子一旦失智，丈夫会发现他自己得学会如何准备饭菜、洗衣服或者协调日程，变成一位生活性贴身秘书。照护事务的劳累、经济压力的增加以及情感的紧张让他们的关系随时都会恶化。你也许会体验到受骗了，又或许体会到愤怒的感觉了，"白头偕老？就现在这样子！"。然而，愤怒之余还得去应对眼下的烦心事，慢慢地，也就适应了。或许，从那位看来全然无觉者偶然闪现的依恋中，你蓦地会意识到："即便如此，他还是没有完全忘了我！"①

2.照护者的压力与调适

学会调适是你能够持续照护的前提。否则，你会很快被压力击垮。

---

① 〔美〕伦敦.J.怎样与老年痴呆症患者沟通［M］.张荣华等译.北京：中国轻工业出版社，2011：121-122.

（1）照护者的压力

无论是哪种角色的照护者，如果长期与失智症患者相处，都会产生某种程度的压力。这些压力包括生理压力、情绪压力、经济压力和社会压力。

①生理压力。患者日夜颠倒，导致照护者失眠或睡眠不足；常陪伴患者出门走长时间的路，体力出现不支；长期照护压力导致免疫系统功能下降，照护者较易生病。有关研究者曾针对失智症照护者做调查研究，结果显示，1/8的照护者表示照护失智症亲人后容易生病，1/4的照护者表示健康状况愈来愈差。

研究表明，阿尔茨海默病对患者和照顾者的健康会造成双重影响。长时间的照护会让照护者的精神高度紧绷无法放松，处于一种亚健康的状态。研究显示，长期照护者忽略自身健康，预防疾病的意识减少，全身免疫功能低下，罹患心脑血管疾病的概率相对较高，创面愈合周期较长。美国一项跟踪调查表明，承受较大压力的照护者死亡的概率要比非照顾者高[6]。

②情绪压力。A.失落与哀伤。看着自己的配偶、亲友患了失智症，记忆力逐步退化，一点一滴地丧失生活能力，直到连自己的配偶、子女也不认得，这个过程往往令照护者心碎，觉得对方虽仍在世，但感觉上却已失去他。很多人常无法接受患者退化的事实，期待有奇迹出现，但当患者治愈的机会愈来愈渺茫时，照护者心中总有万般不舍及哀痛。

B.罪恶感。当患者出现不适当的行为时，照护者可能会忍不住加以责骂，在辛苦的照护过程中，会萌生放弃或将患者送到照护中心的念头，这些都可能让照护者产生罪恶感。

C.愤怒。愤怒的情绪可能是因为患者的不可理喻和不当行为，可能因为其他家人不伸出援手及闲言碎语。如果生病的是配偶，可能埋怨患者生病丢下自己一人承担一切等。

D.困扰及困惑。患者的不当行为会导致照护者的困扰，对疾病及其行为的不了解，则容易使照护者产生困惑，这些都会使照护工作更显艰难。

E.孤独。为了全心照护患者，照护者往往得辞去工作、离开自己的社交圈，每天面对同一个患者，让照护者有强烈的孤独感。若家人不能体谅、支持照护者的辛苦，则照护者更觉得孤军奋战而产生无力感。

③经济压力。若是父母患病，则必须有人辞掉工作在家照护父母，使家庭收入减少；或者聘请看护，因而增加开支，加上照护上的各类开销，对一般上班族而言，都是很大的压力。

研究表明，未在医院长期治疗的阿尔茨海默病患者与非阿尔茨海默病的患者相比较，其照护所需花费后者明显比前者要低，而且照护所需的花销与疾病程度和严重度关系非常密切。失智症一般病程较长，可长达15年左右，平均8~10年。阿尔茨海默病患者要一直坚持用药，高昂的花销会让整个家庭背负沉重的经济压力。而且，阿尔茨海默病患者需要一直有人在身边照看，迫使照护者辞掉本来的工作来一心一意地来进行照护，这使得家庭收入进一步减少，最终加重整个家庭的经济负担。

④社会压力。失智的父母常在外控诉子女不孝、儿媳妇虐待，有些出现不雅举动，甚至有男性患者骚扰女性，让家人十分尴尬，必须承受他人异样眼光。

社会上一般刻板的印象，认为照护工作是女性应承担的工作，而男性只要专心发展事业就好。虽然时代已改变，两性在事业发展和家庭责任上日渐同等，但许多女性仍然承受不平等的待遇。社会上仍然普遍崇尚牺牲奉献精神，导致照护者不敢表达需求，认为再苦也要咬牙撑下去，无形中增加照护者身上的社会压力。

（2）照护者十种心理调适[①]

照护一个失智症患者是非常辛苦的，这种辛苦只有亲身经历者才能体会。为了全心照护失智症患者，照护者常在无形之中把太多压力加在自己身上，不但影响自己的日常生活，甚至造成生活或身体上的不适。因此，

---

① 邱铭章，汤丽玉.失智症照护指南［M］.北京：华夏出版社，2016.

照护者往往成为患者背后的隐形患者或第二受害者。所以，照护者应该学习调节自己的身心压力，使自己在辛苦的照护过程中不至于崩溃。

①我健康，患者才健康。常见的误区是，只要患者好就好，我没关系！合理的想法是，唯有我健康快乐，才会有健康快乐的患者！千万不要有"只要患者过得好就好"这种委曲求全的想法。到目前为止，失智症仍然是无法治愈的，最大的目标是减缓患者的恶化速度，而照护失智症患者绝对是"长期抗战"。因此，和照护患者一样，照护者一定要先照护好自己，不但要吃得好、睡得好，持续运动，养成规律的生活习惯，还要每天快乐地生活。因为，没有健康、快乐的照护者，就没有好的照护质量，也就没有健康、快乐的患者。

压力也会对你的身体健康产生负面的影响。你必须确保自己不要忽视每年一次的医疗检查。

②有足够休息，才能照护好患者。常见的误区是，我要用生命中的每一分钟、每一秒钟来照护患者，直到他痊愈为止。合理的想法应该是，唯肯适当地让自己喘气，才能有更好的照护质量。休息是为了走更远的路，在这场艰难的战役中，喘息对照护者而言，是绝对必要的。无论家中事务有多繁重、照护患者的工作有多琐碎，照护者一定要安排时间让自己喘口气，没有一照护者能够一天24小时都把注意力集中到患者身上。

更为重要的是，要让喘息成为例行公事，而非祈求他人施舍的恩惠。喘息的时间让照护者可以舒解压力、获得新的力量，在照护患者时才能有更好的耐心，照护方法及技巧也才会更纯熟。

③支援愈多，愈能事半功倍。常见的误区是，我一个人承担就好，我还撑得下去。正确的想法应该是，如果有更多的人的帮助，可以将照护工作做得更好。对某些人而言，开口求助是非常困难的事情。有的人觉得，向外界求助代表自己不够孝顺、不够能干或不愿意做照护工作；但人的能力是有限的，总会有需要他人帮助的时候。孤军奋战通常导致两败俱伤，不但照护者的身心健康严重耗损，失智症患者也得不到应有

的、良好的照护，甚至可能受到某种程度的虐待。

寻求外界的帮助，不代表自己不负责任；相反地，在外界的帮助下，患者可以得到更好的照护。因此，一定要克服自己的心理障碍，选择自己需要的、适合自己和家人的服务，做长期的规划。同时，要充分利用社会福利资源，在这个过程中有困难时，可向相关咨询单位求助。研究表明，你的支持系统越强，你的感觉就会越好，你也会越健康。结果显示，当老年失智症病人的照护者从其他有相同遭遇的人那里获得支持时，他们也更加的健康。

④一定有人可以帮助我。常见的误区是，除了我，没有人能搞定他。正确的想法应该是，一定有更专业、更有经验的人，可以帮助我照护失智的亲人。部分照护者只相信自己，不放心由其他人来照护自己患病的亲属。能够独立完成照护当然很好，但人非万能，没有什么事非由谁来做不可，或许您做不好的事，交给别人做反而做得更好、效率更高、效果更好。试试看，您会有不同的发现。

照护失智症患者不能"全力、全时"投入，这对双方都不是最好的方法。你一定要有自己的时间做自己的事，从事自己喜欢的活动，学会让其他人参与照顾工作，否则一旦你累垮了，患者的情况会更加糟糕。

⑤情绪应疏导，不应压抑。常见的误区是，为了照护好患者，我不该抱怨、生气，也没有时间沮丧。正确的想法应该是，我该诚实面对自己的坏情绪，要给坏情绪一个出口。情绪变化是正常的、自然的心理反应。坏情绪是一个讯息告诉自己"我受伤了""我的需要没有被满足""我很在乎他"等。

有趣的是，在研究照护者的压力时，你看待你和你爱的人遭遇的方式，深深地影响着你是如何成功地对付压力的。比如，通过对夫妻的研究，那些把此情绪视为跟爱人有持续联系的照护者比那些做出负面反应的照护者进展更加顺利，并有更多的联结。

⑥我做的是很有价值的事。常见的误区是，我每天照护一个永远不会康复的病患，对社会没有贡献，没赚钱又没社会地位，变成了一个没

用的人。正确的想法应该是，照护生病的家人对整个家庭、社会都有重要的贡献，我是一个有价值、值得被尊重的人。

失智症患者不能康复是无法改变的事实，而不是照护者照护不周的问题，所以不要责怪自己、否定自己的价值。要经常告诉自己，照护生病家人的工作非常重要，经常肯定自己做此项工作是很有价值的。告诉自己及家人，在家照护失智症患者与外出工作一样重要，一样对我的家庭和社会有巨大贡献。

⑦肯定并奖赏自己。常见的误区是，照护家人是天经地义的，没什么好鼓励的。正确的想法应该是，我做的事很重要，值得鼓励与肯定。

别忘了每天称赞自己，适时奖励自己，做自己喜欢的事，买喜欢的衣服，看个电影，安排时间去唱歌，享受SPA等。

⑧应多与他人交流学习照护技巧。常见的误区可能是，家人患有失智症已经够让人烦恼的了，我只要尽力照护他就好，不用跟别人说，而且跟别人说也没用。合理的想法应该是，我应该多和有相同经历的人交流，学习更多的宝贵经验。此外，经常参加支持团体的活动，和有相似经验者分享经验，对照护者有很大的帮助，就算患者过世后，还是可以继续参加团体活动。

⑨写下照顾日记，方便他人接手。有一个误区，认为太累了，没时间记录照顾细节，就算写了，也没有人会看。合理的想法应该是，分享自己的照护方法，对他人有帮助，对失智亲人更好。

每位失智症患者的照护诀窍均有其独特性，因此，为帮助其他照护者尽快进入状态，照护者平时有空又不太累时，要记下照护的诀窍。如，如何引导患者刷牙洗脸、吃饭、洗澡、服药；每天排便、出门散步、睡眠等的例行时间；患者喜欢吃的食物、听的音乐、话题、节目与禁忌等；患者最听谁的话；患者常出现的行为问题及解决处理方法等。

⑩在不影响正常照顾工作的前提下，应有正常的社交活动。常见的误区是，在家人患病期间，我应该把自己所有的事放下，等以后再说。合理的想法应该是，即使要照护患者，我也会在条件许可时，尽量维持

原来的社交圈子及活动。

3.照护者的社会支持

国内目前还没有形成健全的对失智症照护者的社会支撑体系，但是在社会支持上进行了各种尝试，而且政策鼓励一些协会或机构建立，通过知识普及、经验交流等一系列的活动，让照护者有更多的学习和交流的机会。我国成立的一些组织如国际阿尔茨海默病协会中国委员会、北京阿尔茨海默病防治协会，其目的就是要更为直接地对患者和家属进行援助，同时不断发展和提高我国疾病研究和康复的水平。

阿尔茨海默病照护者的工作分为多个方面，如社区照护、公众教育、健康政策。政府资助的老年日间护理中心可以为患者提供日间暂托服务，使照护者得到暂时舒缓。照护者可以把患者送到老年日间护理中心，由其来进行白天的托管。非政府组织提供相关教育课程，希望培养公众关爱老年人的美德，并且通过服务热线、教育课程等形式增强大众对失智症的认识，体会照护者的负担。因此，完善的社会服务与支持是非常紧迫的任务。

社会支持包括专业性支持和非专业性支持两种：

（1）专业性支持

我国失智专业法人组织，阿尔茨海默病防治协会（China Association For Alzheimer's Disease, CAAD），2015年2月8日成立，是由国家民政部批准的唯一的全国性阿尔茨海默病社团法人组织，是由国内从事阿尔茨海默研究的专家、学者、医护人员、照护师和热心阿尔茨海默病防治工作的社会工作者、群众及单位组成的专业性非营利性组织（网址：www.caad.org.cn），协会主要开展的工作有"照护大师面对面"、长期脑功能训练服务、热线电话服务、音乐辅助治疗、失智老人照护师培训、阿尔茨海默病早期诊断国家行动计划、阿尔茨海默纪念日活动等。协会出版的阿尔茨海默专著有《失智老人照护师》《老年早期痴呆百问答》《关注老年期痴呆》等，《阿尔茨海默病及相关病杂志》是协会主办的全国性刊物。

北京老年痴呆防治协会，是北京市5A级社团法人组织（网址：www.baad.org.cn），协会于2008年经北京市民政局登记成立；此外，还有沈阳老年痴呆及相关病学会。

照护者可以参与这些专业组织，一方面，可以学习专业的照护技巧，另一方面还可以与处于相同境遇的同行进行照护经验的分享和交流，从而获得相互支持和理解，及时宣泄不良情绪，并得到照护经验的提升。

①机构支持。为了缓解照护者的身心压力，照护者应充分利用各种机构的支持团体以及失智照护培训课程，从而与其他照护者相互分享和交流照护的困难、体验和经验，倾诉不良情绪，获得相互支持。同时，从医护人员那里获得有关失智老人常见问题及应对技巧的专业指导；与社会工作者合作，组织失智老人活动，减少失智老人行为问题的频次；参加照护技巧的培训，提高照护技能，从而降低照护压力。

②心理咨询。照护者要善于识别自身压力的程度，如果感到压力过重，无法继续进行照护工作，或者已经出现身心问题，影响到自身健康时，应主动寻求专业心理咨询师的帮助。

（2）非专业性支持

除了专业性支持之外，来自家庭、朋友、同事的支持也非常重要。照护者在休息日要主动与亲友一起活动，回归到家庭中，放松自己的身心，从亲友那里获得情感上的支持；同时，应至少有一名可以倾诉的朋友，以倾诉自己在工作和生活中面临的压力，使负面情绪得以及时宣泄；此外，同事之间可以建立非正式的支持团体，相互分享照护体验和经验。

①失智症家属团体。这是一个由失智症患者的家属所组成的团体，在此团体中，家属可以尽情交流、抒发情绪、表达困扰、学习他人经验、分享新的信息、结交具有相似经历的朋友、获得了解和支持。

对失智症照护者而言，参加这类团体可帮助调节压力，有家属甚至表示，和这个团体有"相见恨晚"的感觉，如果能早些参加，之前的照护之路就不会那么痛苦了。因此，建议有同样照护困扰的家属多加利用。

②喘息服务。喘息服务的对象是照护者而非患者。它是针对家属长期照护患者出现身体问题（疲倦、睡眠不足、劳累等）及心理问题（沮丧、无助、孤独等），而发展出来的一种服务。

喘息服务可分为两种。一种称为"机构式暂托服务"，例如在我国台湾省台北市，患者可在护理之家、医院、疗养院等机构，接受短暂照护、停留，由机构工作人员提供24小时的照护。另一种是"居家喘息服务"，也就是由居家服务机构训练的合格服务员到患者家中帮助分担照护工作。

接受喘息服务，可让照护者获得适当休息的机会，照护者可以趁此时外出办事、出去走走、补充睡眠、做自己想做的事，当恢复了体力及精神，才能重新投入照护工作。

（3）自助与他助相结合的失智症患者家属支援体系

在这方面，近邻日本的经验值得借鉴。

①政府积极支持。日本政府在医疗、照护两方面进行了很多有益探索。为减轻患者家属的精神负担和缓解紧张焦虑、消除歧视，2008年日本政府提出"了解失智症，建设新家园十年构想"，以期提高社会对失智老年人及其家庭的关注度。其核心内容是，建立失智症患者援助体系，培育100万名志愿者，加大宣传力度，提高全社会对失智症患者的关注度，在老年人出现迷路、行为异常等情况时提供恰当的帮助。经过不断的宣传和培训，目前志愿者人数已达到350万人。而橙色计划则提出了更高目标，到2017年将志愿者增加到600万人，届时此类志愿者人数与全国总人口的比例将接近20:1。相关的宣传不仅局限在成人，从2008年开始在中小学也陆续展开，影响深远。

②民间自愿行动。2000年以来，源自民间的"认知症咖啡屋"得到了越来越多的认可。这一模式发源于京都，最早由一些有照护失智症老年人经历的家属发起。主要做法是，把自家住宅的一部分改造成接待失智症老年人和家属的空间，提供相互交流的机会，并因低价提供咖啡等

饮料而得名。后来，有一些爱心人士也参与其中，提供交流场地或参与志愿活动。"咖啡屋"不同于一般的康复中心，运营方式灵活，一般每月开放数次，每次数小时。服务主体包括专业医生、护士、社会福利人士、精神理疗师、大学教师、大学生、主妇等不同群体。"咖啡屋"主张尊重失智老年人的人格，一般很少开展整齐划一的活动，老年人可以犹如在自己家中，做自己喜欢做的事。

同时"咖啡屋"也成为了家属相互交流、述说苦恼、交流信息、接受专业指导、放松情绪的去处。由于参与主体日益多元化，"咖啡屋"正逐步成为居民之间加深了解、相互帮助、共同应对认知症的良好模式。现在各地政府也已开始关注"咖啡屋"，并在提供场地等方面给予居民一定支持。而橙色计划则已明确提出 2013 年后力争在全国陆续普及"认知症咖啡屋"，并通过政府购买服务等形式在经费方面向各市町村提供支持。另外，该计划中的"认知症初期集中支援小组"，今后对失智症老年人家属也将提供必要的心理疏导，并在病情加重时提供紧急帮助。针对失智症老年人家属的援助网络正逐步形成。[1]

---

① 康越 . 日本失智老年人照护对策分析［J］. 北京社会科学，2014（11）.

第六章

失智症患者的尊严维护

　　失智症患者面临着身、心、社、智等方方面面的退化，其所面对的最大困难不是疾病本身，而是由于疾病造成的人性丧失，他们是医疗中的绝对弱者，但他们同样有尊严的需求，他们生命的尊严只能托付给我们去善待与维护。然而，我们总是关注他们正在失去什么，而不关注他们正以什么样的方式活在当下，于是便产生偏见和歧视，从而造成失智症患者的尊严危机。因此，善待与维护患者的尊严，其实质与关键在于改变我们对患者的看法，重新建立我们跟患者之间的关系，即无论患者心智退化到何等程度，我们都应尊重患者为人，给予患者以人性的关爱与温暖，这样才能够真正尊重患者，赋予他们以尊严。

一、失智失能造成的尊严危机

　　中文"尊严"一词在英文中有两种表达，一是"reverence"，其意思是"崇敬""敬仰"和"敬畏"，所表达的是"应该尊重"；二是"dignity"，其意思是"庄重""尊贵"和"自重"，所表达的是"值得尊重"之意。失智症患者的尊严危机表现为既得不到应有的尊重，也无力维持自身尊严，是生命尊严的全面危机：一是环境歧视与偏见造成的尊严危机；二是因为生活无法自主的尊严危机；三是无力维持尊严的危机。

1.环境歧视和偏见带来的尊严危机

　　失智症患者首先体验到的是不被尊重。《2012 年世界阿尔茨海默病报告》中指出，很多地区失智症患者仍会觉得这是一种耻辱，并有 24% 的失智症患者隐瞒或掩盖他们患病的事实；有近 70% 的患者及其护理人员认为他们的国家缺乏对失智症的了解，40% 的失智症患者被排除在日常活动计划之外。也有调查显示，40% 的"老年失智症"患者认为自己在日常生活中会受到排斥，60%的患者表示，他们被诊断为"老年失智症"后，最可能疏远或者失去联系的是朋友，其次是家人；近1/4的患者会隐瞒或者掩饰被诊断为"老年失智症"，主要原因是病耻感和害怕遭遇歧视。①

实际上，值得我们思考的是环境歧视与偏见背后的文化心理。我们知道，人们对任何事物和现象的认识、看法和态度历时长久便形成一种独特的文化。长期以来，"老年痴呆症"等污名本身只是一种疾病文化的符号化表现，它所表达的是人们对失智症的认知模式、价值评价甚至情感态度。其深层次根源在于失智症对人造成的毁灭性影响，在人们的观念里，做一个正常人是至关重要的。试想，一个人心智退化到如同婴儿，甚至最后连婴儿都不如，没有了自我意识和正常思维，逐渐地并最后彻底地丧失掉所有的人性方面，包括无法自主思想、不懂人伦亲情、没有礼义廉耻，那岂不是最糟糕、最令人害怕的？面对着这样的"一个人"，有谁能表现出尊重和关爱？这里似乎不是什么歧视不歧视、偏见不偏见的问题，这就是一种"正常现象"，没有人表示不能接受。于是，每个处在这种文化环境中的人都会这样对待失智症及患者。

这种文化，使得我们在更多的时候是关注患者正在失去一些重要的东西，它令我们反感甚至产生恐惧，于是便产生各种歧视与偏见，我们将患者视为异类并进行隔离。而患者都是在这样的文化环境中长大的，他的思想情感和态度取向自然受这种文化的影响，一旦他本人不幸罹患失智症，他的病耻感便自然而生，其所体验到的尊严危机便自然而然了，此时，唯一能够支撑患者顽强生活下去的内在支柱便面临崩塌。

即使是有较高文化水平的患者家属，常常也不愿公开自己家中有失智症患者这件事。患者本人在头脑尚清醒时也难以接受自己将变得痴呆的事实。

有位患者家属说，她的丈夫被诊断为阿尔茨海默病后不久，便主动

---

① 《中国青年报》评论员．"老年痴呆症"更名是一个正确的开始［J］.中国卫生人才，2012（11）．

提出搬家，不愿再与先前的同事住在一起。而在丈夫患病的前几年，当有同事朋友要来看望他时，她和家里人都婉拒了。当时她们认为，让大家都知道并看到自己家里有个失智病人并不是一件光荣或值得去做的事。①

2.生活无法自主带来的尊严危机

生活是个人的存在方式，如果一旦生活无法自主，那还能叫"我的生活"吗？

失智症让许多人恐惧，恐惧的正是患病后无法自主生活和尊严的丧失。对阿尔茨海默病等退行性失智症而言，自主性的丧失是一个渐进的、自身难以控制的过程。刚发病时，像是回到轻率鲁莽的青少年时期，情绪不稳定多起伏，说话冲动口无遮拦，对自己没有信心，做事有点不计后果，难以胜任工作与承担家庭责任。

再往后就会退到儿童期。需要他人看护，生活需要有人监督与照料，不能独立在家或外出太久；很难顾及他人而多以自我为中心，与他人尚能交流，但已显出幼稚与茫然；开始有无视社会规则的种种不恰当行为，已谈不上在家庭中的自我身份意识；不会随季节变化着装，洗脸、吃饭、如厕等基本的个人生活无法完成，需要他人更多的照顾与帮助；外出则无法回家，就像回到了懵懂无知的幼儿期。

再继续退化，就到了婴儿期。走路日渐蹒跚，容易摔倒，直到不再能行走、终日卧床。语言渐趋简单，不认识亲友，只对每日在旁的照料者做简单回应。需要喂食，个人清洁完全依靠他人。最后回到初生婴儿期，完全丧失语言能力，也不认识任何人，连翻身与抬头的能力也丧失，最终归返自然，生命轮回。至此，生命尊严不复存在。

从失智症实际病程的客观方面来看，一路下来这一系列的丧失或许是在患者自己无法预期与知觉的情况下展开的，这是最令人倍感悲凉的

---

① 钱炜.中国阿尔茨海默病大调查——老龄化社会的恐怖袭击（上）［DB/OL］.中国新闻周刊.http://www.360doc.com/content/16/0419/22/1194775_552144330.shtml.

地方。这一层的尊严危机主要表现在二个方面。

（1）自主性的丧失

无法自我做主。众所周知，失智症所丧失的首先是自我决定、自我行动、自我体验的能力。长期观察表明，失智症病人的自主理解与决策能力丧失的时间点，比其生命走到末期的时间点可能提早许多，也就是在病程初期便已开始，它是一个逐渐加剧的不可逆过程。

甚至连他们的情感情绪都无法自主，都是受环境影响着的。阿尔茨海默病患者身边最亲近的人，往往会直接影响患者的情绪。你着急，他就会着急；你难过，他也会跟着难过；你高兴，他就会高兴。

（2）独立性的丧失

无法独立生活。失智症病程展开的过程就是一个生活独立性逐渐丧失的过程：就做某一件事来看，从开始部分需要他人协助到大部分需要他人协助，再到完全依赖他人代劳，最后彻底丧失独立动手能力；从总体上看，生活中独立性的丧失首先是从复杂的生活行为如上街购物需要旁人协助，到后来稍复杂点的生活行为如穿衣着装都需要有人指导，再到吃饭、排泄等本能行为需要他人帮助，最后连翻身走动离开旁人的协助都不行。在这样一个漫长的过程中，患者自然体验到一种无能、沮丧和无尊严感。

当一个人患上阿尔茨海默病，他通常会丧失开始一个动作的能力，也就是说，如果他坐在饭桌边却不动筷子，可能是因为他不会开始吃饭的动作。然而，如果你为他们做得太多，他们会越来越依赖你，久而久之你要为他们做的会越来越多，而他们也将丧失得越来越快。[①]

3.尊严无力维持的危机

个体尊严的重要前提是你如何才能"值得尊重"，显然，这恰恰是失智症患者尊严危机的关键所在，他/她因为失智已经在许多事情上无

---

① 〔美〕乔琳·希瑞奇.他们从未忘记你〔M〕.王佳婉译.北京：华文出版社，2014：68.

能为力，不仅无法让自己做得更好，而且会越来越糟，从而也就做不到"值得尊重"了。他们已无法像过去那样，承担生活中的各种要求和责任了；失智伴随着人性的丧失，这导致患者无力保持自身的行为合乎礼节；失智症病程中的各种并发症令患者的处境越来越糟。随着病程的发展，患者越来越无力维持自身的尊严。其所体验到的尊严危机体现在三个方面：

（1）对自己病程的预期性危机

这是一种"我患了这种病，将来会越来越糟糕"的预期体验，但又无法控制未来。这是所有被诊断为失智症后，处于轻度期的患者共同的体验。在将来的病程中，他们会失礼、失禁、失态等，还有各式各样的精神行为症状，这些对于家人而言则是很没面子的事情。对一个刚被确诊为失智症的人而言，在他所有的焦虑中，必然包含着对自己必然走向失忆、失智、失能及失礼处境的预期性体验。

（2）生病前后巨大的心理落差造成的尊严危机

失智症彻底改变一个人，令个人曾经的才华、威望、成就、事业及人生价值遭遇到无情的清零。试想一下，一名长期处于领导岗位的老同志，他所体验的是前呼后拥、备受人们尊重；一朝罹患失智症，这些曾经的美好体验必然完全丧失，生病后的自己完全"任由他人摆布"，前后的身份地位如天壤之别，其内心的体验外人怎么能够理解？

一个执教数十年的，具有很高威望的大学教授，他在课堂上旁征博引、高谈阔论总能获得满堂彩；在学术上造诣深厚、著作等身，是响当当的学术权威。但当他一旦失智，丧失语言表达与思考的能力，从此告别讲台，告别学术，试想，他的生命意义还能体会到多少？

曾经的家庭顶梁柱，这个男人深爱着他的家，经过几十年的打拼为一家妻儿老小换来了尊严而有品质的小康生活，他才刚跨入知天命之年，还有很长的时间为家人服务，而且已经有了更远大的生活计划。可是在某一天，他被诊断为失智症，他的人生从此以后便成为家人的拖累，并且日渐退化直到终老，他感觉自己将成为一个废物，但又无法改变！

（3）疾病症状造成的尊严危机

这是在漫长的病程中，每日每时都会经历的。特别是那些进入到重度期的患者常见的不适症状，包括气喘、呼吸困难、异常呼吸、疼痛、躁动、皮肤压疮等问题会将他们彻底击败；病人因为认知功能下降，无法清楚表达身体不舒服的各项特征，因此时常造成家属与医疗人员的忽略，这些都会令他们尊严丧尽，无法悠然老去。

现实中，不少失智症患者都强烈主张自己没有忘记事，也没有必要去看医生，这让家属很难处理。对家人来说，尽早诊断，就可以在对情况有清晰把握的前提下，给患者生活上以帮助；但患者本人顽固的否认态度，是让家人一筹莫展的根本原因。

这时我们应该试着从患者角度来考虑问题：对其他事情都可以理解并清晰判断，为什么偏偏很不自然地对自己严重的健康视而不见呢？

这时的患者，能立刻分辨出其他患有同样疾病的人的健忘现象属于不正常范围。也就是说，他的"我没忘"的主张，是基于被定位于患者身份后，心里的怒气、悲伤及不安无处发泄，从而产生的维护自尊的应激自卫反应。周围的绝大多数人对失智症患者真正的心理活动是难以体会的，但患者隐含悲伤的表现方式一定要有所了解。[①]

二、失智症照护中的尊严问题

失智症与其他疾病最大的区别在于其人格主体完全交由他人去维持。由于总是将失智症患者视为异类，难免会忽略其自我存在的价值而将他视为一个简单的客体；而且由于失智症的失能失智情形，极有可能被视

---

① 海南普亲老龄产业发展研究院.正确认识失智症［M］.北京：中国社会出版社，2014：23–24.

为绝对弱者的表现，从而家人极易倾向于对患者进行过度关怀，结果造成患者当下存在感的缺失；失智症患者由于其主体性的丧失，其社会性本质及相关能力大幅度减弱，因而被空间隔离化对待。这些都会产生了失智症患者在照护中的尊严危机问题。

1.照护中被物化的处境

1906年，德国精神科医师阿尔茨海默正式报告了第一例有严重认知功能障碍的患者情况。当时这位女患者就住在精神病院里，所以失智症照护的最早模式，是精神疾病的医疗看护模式。因而，对失智症的照护，很长时期内基本属于"关押式收养"。

后来有了养老机构或者护理院，一些失智症老人就被送入这样的机构。不过，他们虽然被照顾着日常起居，却孤独又无助，往往会被当作活死人一样对待。有些机构建造得十分精美，但却像座"漂亮的监狱"，里面的被照顾者完全被动地服从作息时间安排，从几点起床，到几点吃饭以及做什么活动等，完全服从严格的管理。

失智症老人在重度认知功能衰退时期，身体状况比较虚弱，大多无法自主行动，卧床的时间很多。老人接收信息的能力变得很弱，到极严重的时候对外界环境中发出的信息已无能力接收。在照护过程中，往往是照护者"占主导地位"，甚至照护者常因洗澡、进食等日常起居问题与老人发生冲突，往往语言不敬甚至动作粗暴。

在住院式照护中，必然产生的一些非人性化的后果——机构里的工作人员会形成一种控制甚至是虐待居住成员的行为方式，往往会强调机构的需求以维持其顺利运转，而不是为居住者服务的官僚主义作风。换一种说法，就是以照护者为中心而不是以患者为中心，当然就无法将患者当成人来予以尊重。在具体的照护行为中，由于照护人员往往以正常人的心理去对待患者，因而对患者采取某些粗暴方式施行护理，比如，语言粗暴、行为粗暴，或以近似机械化、程序化方法对患者施行管制性照护。因此，在失智症照护中，这就必然造成将患者的物化现象，从而构成对患者尊严的损害。

2.照护中的过度关怀问题

这一种情况往往导致患者意义感与价值感危机。由于对失智失能的片面认识，家属总因为失智症患者丧失了独立生活的能力，对患者的日常生活基本上是采取保姆式照护。通常情况下是基于两种心态：一是让患者享受服务，家人及照护者将其伺候好，千万不要让他/她受苦受罪；二是唯恐出事，怕这怕那，多一事不如少一事。于是，失智症患者生活的方方面面均由人代劳，决不让患者本人去行动。

如此一来，产生了两方面的负面影响：一是令患者的依赖性强化，其功能丧失更甚；二是加剧了照护者与患者之间的冲突。原因是，在表面上，患者是失智失能了，但他们还是有内在的自我意识，还有某种"自我"的东西存在，而且随着病情的加剧，其对生活的许多行为渐渐不理解，而家属则一味地抱着"我是对你好"而照护患者，则难免疏于对患者的内心的理解，也就表现出强迫性，难免产生冲突，患者感受到的便是难言的愤怒与不从。

3.照护中的空间隔离问题

这是空间贴标签式照护。在住院式照护中，有悖于人的生活环境的"正常化"。这些福利院舍常常是与被照料者的生活社区分离的，脱离了患者日常生活的社区，把他们置于一种非正常的环境之中，这些人实际上失去了同正常人进行交往、进行正常社会生活的条件，从而渐渐失去重新适应社会的能力。社会学家指出，与世隔绝的住院式照顾实际上成了住院者致病的一个重要原因。

失智症照护中的空间隔离是社会隔离的具体体现。一种情况表现在为失智症患者而专门辟出相对封闭的空间，将失智症患者与其他患者区别开来，并实施相对特殊的管理。这种情况往往出现在养老院或一般医护机构，可谓失智症专区，住进来的患者往往被无形中贴上标签，引人注目；另一种情况就是根据失智症的病程，将那些进入到重度期的患者归为特殊的一类，安排在单独的房间或病区，这同样是贴标签；还有一种情况就是在家庭照护中，会出现由于暂时无人看护而将患者反锁在家，以及单独安排一个房间，以免影响到家庭正常生活等现象。

这些空间隔离方式表面上或许是为了照护患者更加方便，但在客观上，却产生了一种歧视与隔离效果，在无形中确实有损于患者的尊严，使患者感受到一种耻辱。因此，失智症患者面临的问题，并不是依靠建立专门的失智症照护组织或机构便可轻易解决的问题。

《皱纹》是一部讲述患有老年失智症患者遭遇的动画电影。在养老院大厅里，是一群昏昏欲睡的老人和此起彼伏的呼噜声，他们中有运动员、播音员、银行家，其身份、地位、职业等在这里都不存在，剩下的只不过是一群老人同走一段旅程。被送进养老院的老人们的生活被剥夺，所剩的日子不过是一天天的机械重复。即便如此，养老院似乎还不是最糟糕处所，还有一个令人们心生恐惧的去处，那就是二楼"无法自理区"——大凡是失智症进入重度期，完全失能的人都会被送到这里面。显然，人们不仅不敢看，连谈论都不敢，更不用说到那里去。其实，人们内心所惧者，一是在那里，估计会受到极恶劣的对待，简直就是生不如死，这大概是人的恐惧想象吧；二是如果一旦到了被送到二楼去的程度，自己的状况只怕是非常糟糕了，这大概是每个人都拒绝的，谁都希望自己能够保持相对较好的身心状况。因此，二楼似乎成了一个令人恐惧的空间。

面对这样的生存状态，为避免被送往二楼的无法自理区，仍保持一定清醒的埃米利奥、米格尔用各种各样的方法来抵抗阿尔茨海默病的侵袭，米格尔偷偷服用治疗胶囊，帮埃米利奥在评估中作弊、隐瞒病情，以免被诊断为重度期被扔进二楼的"无法自理区"，并尝试逃离老人院。剧情虽是虚构的，但确实也反映了失智症照护中的空间隔离问题，因其令个体尊严丧失殆尽，从而使人产生深深的恐惧。

三、失智症患者的尊严如何维护

失智症患者的尊严危机实质不在于他们正在失去什么，而在于他们自患病以来正在以什么样的方式活在当下。因此，认识到失智症患者的尊严危机不是要我们如何怜悯，如何帮助他们去改变什么，而是要进到他们的世界以他们的方式去认同、去承认并尽可能去维护或延缓其尊严丧失。

失智症患者尊严的维护既是对患者尊严的修复，也是对患者尊严的重建。所谓修复，就是通过建构患者的生活，使其最大限度地发挥他们尚存的智能，从而获得成就感与当下存在感，尽量避免因为环境中的偏见与歧视对本人造成的消极影响。所谓重建，就是既要将患者理解为一个人，又要抛开"正常人"的思维，重新建立所有人（包括照护者、医生和其他普通民众）与失智症患者的关系，无论患者的人性丧失到何种程度，我们都给予他以人性的关爱与温暖，从而赋予他以尊严。

失智症照护是一种没有嘱托的托付！我们如何对待失智症患者，他们的现状便会如何——可以说，失智症患者的尊严必须由我们来维护。

1.坚持以人为本

失智症最令人恐惧的在于它令人性的东西逐渐丧失直到生命的最后，而患者本人却无能为力甚至茫然无觉。原本是命运不公降临到个体头上的灾难，可是长期以来，人们却对患者施以不公平的对待，无视患者作为人的尊严，致使患者在承受疾病带来的苦难的同时还要承受来自环境的各种偏见与歧视，对患者来说，这是何等凄凉的苦境！因此，我们不能无视失智症患者的处境，而应该超越失智症疾病本身，从人类共同的爱出发,确立对失智症患者的照护理念便至关重要。

"以人为本"正是我们认识与对待失智症患者的根本理念,也是失智症照护的基本前提。

(1)"以人为本"就是尊重失智症患者为人

长期以来,各种各样对失智症的偏见与歧视造成对患者以极大的伤害,根本原因就在于这种歧视性疾病文化根本不将患者看作人,将患者看作怪物或异类,这是必须改变的局面。我们谈论失智症,关注失智症就是因为处于失智症苦境中的正是"一个人",他/她是我们的同胞,而不是异类!

正像西班牙动画电影《皱纹》的主题"关心现在的老人,关注未来的自己"所宣示的那样,我们不可以对我们的同胞身处于这样一种万劫不复的苦境而无动于衷。随着老龄化社会的到来,这就意味着我们每一个人都可能不幸罹患失智症,基于这样一种理性认识,我们尊重任何一个失智症患者就是对我们自己的尊重。

(2)"以人为本"就是"以人为中心",即从患者角度来实施照护

在20世纪80年代,英国社会心理学家Tom Kitwood经过多年研究,提出了"以人为中心的照护"理念,也就是"Person-centered Care(简称PCC)"。强调"VIPS"四项重要元素:V.视失智症患者为一个有价值的人;I.每位患者皆有其独特的背景、喜好、性格、身体状况、脑部缺损等,因此应就他们的情况设计及进行合适的照顾及活动;P.从患者的观点出发,从而了解他们的行为背后的意义;S.由于患者较难自行满足作为人的价值,因此他们更需要从人际关系中得到别人的肯定。许多国家开始奉行这一理念,特别是在英国和澳大利亚,甚至把"Person-centered Care"当作老年照护的标准,而且发展出完整的工作框架。①

过去大家谈失智症,其实都是从旁观者的角度谈,毕竟我们自己并非患者本人;失智症给个体带来什么改变,我们其实是没有直接体验

---

① 李秀霞.多元化干预活动与失智症[J].中国社会工作,2017(2)(中).

的。这就在主观上增加了失智症照护的难度，因为，失智症患者毕竟不同于一般老人，照护者与患者本人是无法沟通的。那么，究竟站在什么立场上有效实施失智照护呢？显然，"以人为中心的照护"理论充分体现着"以人为本"，从而成为一个非常行之有效且适应很广的人性化理念。

在此理念指导下，因为得到早期诊断和及时干预，许多失智症患者的功能一直维持得不错，能够通过他们自己真切的体验，来告诉大家得了失智症是怎么回事，他们希望自己被如何对待，以及好好生活下去的愿望。就像有人说的那样："我看上去可能还好好的，可实际上我就像是一只在水面上浮着的鸭子，我在下面要拼命地划水，才能浮在水面上。"我们在观察和欣赏鸭子在水面悠闲自在的那种轻盈时，可曾去观察它们的双蹼在水平面下艰难地划水？因此，如同站在鸭子的视角去理解游水一样，我们站在失智症患者的角度去理解、建构与实施照护，从而围绕失智症患者这一中心正是以人为中心照护理念的核心。

2.尊重患者的自主选择权

尊重患者自主选择权，指的是尊重服务对象自己做决定的原则，使患者能有自我选择与付诸行动的权利。自主原则承认服务对象有权根据自己的意愿就自己的事情做出理性的选择。照护者应在提供服务之前向失智患者及其家属解释照护的目的、优点及可能的结果，然后征求服务对象及家属的意见，由其自主决定。

在照护服务的过程中，由于失智老人自主能力减弱甚至丧失，自主原则的应用常常陷入两难的境地，因此，在照护失智症患者时应灵活运用自主原则。对于严重失智症患者，不但不应赋予其自主权，反而需加强保护、监督与协助，对非理性的行为加以控制，避免发生意外伤害。此外，失智患者可以寻找合法代理人替自己做一切决定。

尊重患者自主选择权必须明确，失智症照护是提供服务而非指定患者应该如何。如果我们打开阿尔茨海默病患者的衣橱，问她："今天您想穿什么？"她可能无法做出回答，因为衣服太多了。所以，我们不妨拿出两件她经常穿的衣服，问她："您喜欢穿哪件？蓝色还是红色？"有些患者可能会做出选择。对于另一些病情比较严重的患者，做决定是件非常困难的事情，这时，你可以给些建议："我觉得蓝色的好看，显得您皮肤白。"或者："今天我来替您选择衣服，明天您自己选择好不好？"无论如何，让她自己有选择的权利。

尊重患者自主选择权还必须遵循知情同意。知情同意是指在服务对象及家属接受所提供的服务前，照护人员必须遵循向服务对象及家属解释服务的过程并取得其同意的原则。无决定能力的患者的知情同意过程由合法的代理人来完成。合法代理人的等级顺序一般为配偶、父母、其他直系亲属、一般亲属等。知情同意必须符合这样几个条件：A.服务对象及家属须完全知情。医方提供真实、准确的照护服务信息，使服务对象及家属了解方法、目的、优点及可能出现的结果等；B.服务对象及家属具有表达承诺的合法权利、正确判断的理解能力及理性选择的知识水平；C.服务对象及家属在完全知情后，完全自愿地选择。

最有效的照护源于尊重。我们要充分地尊重他们的意见，即便大多数时候他们无法表达自己的意见。当我们身边有零食的时候，问她："您愿意来块饼干吗？"而不要二话不说直接把饼干放在他／她手上。当我们和他／她一起去吃饭的时候，问："您愿意坐靠窗的座位吗？"而不要直接说："您坐这儿。"如果你要收拾她的东西，随时问她的意见。也就是说，让她每时每刻都有自己做主的感觉。

"当我们端给瑞餐盘吃饭的时候，他通常不吃。但如果我们把餐盘放在旁边的桌子上，然后离开，回来的时候会发现他把盘子里的食物都吃光了。弗兰克晚上总不按时睡觉，每次我们说'该回你的房间睡觉了'，他都不听话。后来我们问他：'哎，哪个房间是你的来着？弗兰克，你能告诉我吗？是这间吗？不是，是这间吗？嘿，我们找到了。'不知为何，每次他进了自己的房间，就很自觉地睡觉了。最困难的事情是让他进自己的房间。"①

3.了解并尊重患者的独特性

我们知道，失智症患者都只不过是活在自己的世界，面对那些已经部分或完全丧失心智的患者，你不可能千篇一律。每个患者都有自己的独特性，他们都以自己的方式存在着，即便他们都有不同程度的心智退化，但这丝毫不改变他们自己的独特性，这也正是我们应该尊重他们的根本原因。因此，我们必须学会按照患者各自不同的特点来实施照护。

尊重患者的独特性还表现为尊重患者习惯。每个人都有某些终其一生难以改变的习惯。如果一个人患上了失智症，抓紧现在的时间询问他的各种习惯，并且记录下来。一旦疾病进展到无法用言语交流的阶段，就只能由别人来决定他的想法了。作为对阿尔茨海默病患者服务的人，我们需要改变对患者的评价标准。我们应尽量记住他们的生活细节，了解他们的过去，知道他们的喜好，这样才能在他们不配合我们的时候找到应对的方法。因为不同的习惯让每个人都与众不同。所以，对于即将步入老年阶段的人们，请记录下你们的生活习惯，也许哪一天需要别人照顾自己起居的时候用得上。只有告诉他人自己有什么习惯，才能得到自己想要的照料。

依照患者的独特性及病程，改变照护方式。

"一家属团体的分享中，成员发现，每个家中的'老宝贝'会出现的问题都不一样。有一次在分享'用餐'的问题时，陈太太表示，妈妈在团体中可以自己吃饭，但在家中则需要人喂食，让家人颇感困惑；王太太则说，婆婆在家中可以吃得很好，但只要环境人多、嘈杂时就会发脾气不吃。"

一百位失智患者，就有一百种样子。没有两位失智症患者是一模一

---

① 〔美〕乔琳·希瑞奇著.他们从未忘记你［M］.王佳婉译.北京：华文出版社，2014：66-67.

样的，须尊重每一位失智者的独特性，但也应多吸收他人的照护经验，可激发自己发展出更好的照护方式。

"吴太太在轻度失智时可以自己挑衣服、穿衣服，完全不用家人帮忙；而发展到中度时，则两脚会穿不同的鞋子或穿着睡衣出门，此时家人要帮助准备好衣服并看着她穿；到了更退化的阶段，吴太太拿着衣服不知如何穿，家人必须在旁，一个指示、一个动作地引导她穿衣。"

显然，即使面对同一患者，其照护方式也并非一成不变。失智症患者的行为症状会随病程有所变化，这个月的困扰行为可能和下个月不同，照护者必须用心观察、依照其状态调整照护方式。[①]

4.通过赋能维护患者成就感

所谓赋能和赋权，就是让有失智症的人参与到照护的过程当中，使他们尚存的能力不仅予以发现、承认和鼓励，而且应有充分展示的机会；他们的声音，他们的需求，应该被听到，并且被尊重。

2018年1月7号，辉瑞制药宣布停止了他们旗下所有的阿尔茨海默病和帕金森病新药的开发，他们认为这是昂贵而徒劳的努力。这足以表明，赋能赋权才是首要的，至于药物治疗只是次要的因素或内容。

对失智症照护者来说，赋能与赋权对于照护工作的意义最为明显，不管有失智症的人生活在哪里——家里也好机构也罢，如果他们感觉到自己对生活的控制权被剥夺，反而有可能触发他们行为和心理的负向变化，从而会给照护工作带来更大的困难。

在失智症照护中赋能赋权核心就是，我们不能仅仅关注他们功能缺损的地方，我们必须要发掘他们依然保存的能力，尽可能长时间的维持功能、独立性、自主性，尊重他们的习惯、意愿和选择，尊重他们的人生经历、文化背景和价值观。在享受满意照护的同时，更好地提升患者自身的成就感与意义感。

---

① 邱铭章，汤丽玉.失智症照护指南［M］.北京：华夏出版社，2016：78.

　　面对失智长者的记忆模糊、失语失能、脾气暴躁，我们不能以一种健康人的标准去要求他们，而需要不妄加判断，富有爱心地认知他们的情境和世界，接纳他们怪诞行为本身，设身处地理解他们的痛苦和造成这种痛苦的原因，让他们找回沟通的快乐，重返有尊严的人生。爱就是对外的接受，爱就是自我的付出，爱就是美好的表达。如果被认可，所有的人都会感到幸福。

　　这里提一下认可疗法。认可疗法是由 Naomi Feil（内奥米·费尔）在经过多年的老年人社会服务工作后，研究出适用于不同阶段定向障碍老人的照护方法，帮助定向障碍老人更有质量、有尊严地生活，可以针对个体，也可群体应用。

　　认可疗法由3个主要部分构成——基本态度、理论及技巧。这3个部分组合起来能让我们以温柔、热忱的方式，理解长辈的想法并以具体有效的技巧来帮助他们。

　　基本态度是指我们对时间、空间感混乱的长辈的态度以及与他们的相处方式。我们对待长辈的态度应该是尊敬的，我们欣赏长辈的智慧，即使我们不理解他的所作所为，我们依然坚信他行为背后肯定是有原因的。更重要的是，认可疗法使用同理心作为与长辈建立信任的方式。同理心即感他们所感，而不仅仅是关注于他们的言语是否言之有理或者与事实是否相符。长辈的感觉更重要，事实却不那么地重要。当我们怀着同理心去交流，长辈就会感到自己的重要性，感到被倾听，从而更加地信任我们。这样就使得对他们的照护更加地容易。

　　理论是用于理解我们的至亲，感受他们的处境并进行最好回应的一系列理念。认可疗法引入大量的公认心理学理论，包括心理分析、发展心理学、人本心理学及神经语言学活动。11个认可原则从这些学科的理念提取、升华而来，决定认可的基本态度，并指引我们的行为。

　　最后，认可疗法还包含了15种具体的技巧，使用这些技巧可以帮助长辈脱离他们正在经历的困难。有些技巧是语言性的，主要是针对能说话的长辈，至少是能理解我们话语的长辈。还有一些技巧是非语言性的，这些技巧适用于失去语言能力的长辈，或者是当我们试图与他们交流时，他们无法理解的长辈。

认可疗法是用同理心与长辈建立信任的方式。认可疗法的目的是帮助我们寻找到更有效的回应方式，并加强我们与长辈的关系而不是去破坏这种信任。

5.维护患者的良好形象

人是有尊严的，因此，人是"好面子"的，保持自己的良好形象只怕是任何生活在现实世界的个体都非常在意的事情。然而，失智症患者要不要面子？当然，如果这样问的话如同问"失智症患者人不要尊严"，显然不妥。对失智症患者尊严的维护原因正在于这些患者本人已经丧失了如何保持尊严的能力甚至意识。所以，可以这样说，失智症照护者是患者尊严的守护者。

由于失智表现在人性的全面丧失，因而，其形象的折损既可能出现在社交场所，也可能出现在居家生活中，只要是面对他人，其形象维护便有必要。

保护患者形象的重要前提就是尊重与保护患者的隐私。尊重、同情和关心服务对象，是照护最基本的伦理准则，也是建立良好的护患关系的基础和前提。主要表现为尊重服务对象的人格、尊重服务对象的权利、尊重服务对象的生命价值。照护者绝不可以将服务对象的隐私及秘密泄露或当作笑料宣扬，给患者带来不必要的伤害。

（1）日常生活中的形象维护

失智症患者难免会因失智失能而无法维护自身的形象，甚至弄得很糟糕——衣衫不整、面容不洁，其形象在患病前后判若两人。那么，熟悉他的亲人，也包括照护者如何在照护中维护患者一个好的形象，让患者保持一个体面的外表，这是对其尊严维护的重要方式与途径。日常生活中的形象表现在衣食住行的方方面面，比如起床、就寝的着装，进餐前后的卫生整洁，以及外出逛街购物等等。

那么如何保持患者的形象？这就要考虑个人的性格习惯，患病前的职业及职务。比如，一名从教了几十年的教师，尽可能让他保持形象儒雅；如果是一名领导干部，那么尽可能让他保持形象庄严；如果是一名产业工人，那么尽可能让他保持劳动者的形象等。同时，还要考虑到简单可操作，形象涉及穿着打扮，失智症患者由于思维及相通生活能力退化，已不宜烦琐。当然，在不损害患者尊严感的前提下，在具体操作中还得灵活变通。

"失智症意味着有条理的生活的丧失。自爸爸生病，他不仅慢慢失去生活自理能力，也会因疾病而造成心智残缺不全，在外人看来，他的神态、表情绝对不如以往般自在，他的尊严只能靠我们去维护。"

"我们认为要维护爸爸的尊严，带给外人第一印象的是眼睛看到的，所以外观是很重要的。尤其是妈妈一向注重得体的穿着，所以每天早上她都费心地帮助爸爸打理着，即使他是去日间照护中心接受照护，妈妈还是让爸爸保持以往上班时的整洁、得体、优雅。

"但对于一个自理能力不足的失智症患者，穿着不仅要整洁、得体、优雅，也得兼顾舒适、容易穿脱，不能让衣物过于复杂，造成如厕时的阻碍。因此，我们依爸爸解手的习惯，精心地在裤子方面下了一番功夫。西裤不要有扣子和皮带的设计，腰部改成松紧带，裤档保留拉链的存在；如果是松紧带式的运动裤，则在裤档开口处装拉链。"[1]

（2）公共场合的形象维护

失智症的许多症状往往令患者不能遵守社会规范与礼仪，从而失礼、失节，如在公共场所脱衣服、抚摸生殖器、随地大小便等，还有发生错认现象。这些都有损患者形象，对于照护者或其家人自然是很失面子的事情。

怎么办？本着尊重患者的宗旨，我们有必要在维护患者形象方面下功夫。

---

[1] 周贞利.记忆空了，爱满了［M］.北京：华夏出版社，2017：110-111.

①在出发前做好功课及心理预防。如，出发前根据以往规律解决大小便或到一定时间段引导患者大小便，不要到了患者内急时束手无策。而露体行为同样是可以防范的，一般而言，患者出现此类行为肯定有规律，因此，通过平日观察，我们可以进行预防。如果万一由于现场偶然因素诱发，我们可及时阻止以免造成太多影响。

②对他人做出明确解释。失礼行为往往引起其他人的嘲笑与指责，这不利于患者。那么，一旦发生，我们也不应该忌讳，而应该坦诚相告，让他人理解。这样做，不仅能够获得他人的理解，甚至还可获得他人的关心与帮助。

③不要试着去改变。失智症本是进行性退化，我们无法阻止，而患者的失礼行为同样无法改变。当然，我们也千万不用责骂，对于失智症患者的所作所为，如同面对孩子做错事那样，需要的是包容、理解。不过，两者却有本质区别，即小孩子有对错，但失智症患者的言行没有对错。我们立刻要用温和但坚定的态度制止他错误的行为，之后转移他的注意力。

（3）生活照料中的形象维护

不少照护者及家属都会发现，患者在饮食起居中的卫生清洁状况始终是在照护中令人头痛的事情。也恰恰是在这些方面，令患者的形象不复以往。这主要在三个方面：

①进餐。见过一个不到二岁的婴幼儿吃饭的人都知道，现场一片狼藉。不少失智症患进餐就像这样，而且情况会更加糟糕。每次餐后，照护者必须帮助他们保持清洁的形象。

②大小便。有一位照护过自己失智丈夫的阿姨，回忆照护患者大便的情形时告诉我们，每次等患者大便完后，他身上粘着粪便，连墙上都被涂上一片一片的，每次她帮助丈夫清洗掉身上的大便，还得擦掉墙上的污秽，清洗完后，还得帮助患者穿戴整洁。

③洗澡。一般情况下，平时只有在隐蔽的房间里才会赤身裸体，如果有人站在他身边，他会觉得非常难堪。试想，将自己暴露在他人面前，

没有任何隐私，这可不是件容易让人接受的事，何况失智症患者无法理性地看待。如何让患者配合需要照护者动一番脑子，不过，现在已经研制出洗澡机，家庭不妨租用一台洗澡机以解决实际问题。

6.生命最后尊严的维护

失智症患者的最后尊严，无论有无事先遗嘱安排，都交由家人来维护。

（1）最后阶段的医护取舍

①要明确的是，一旦患者进入到重度失智症后期，已经不再会说话，四肢也僵硬蜷缩，无法进食，肺部反复感染，发热不退，并引发了心功能衰竭，呼吸急促，心率不规则等一系列症状时，患者的生命便危在旦夕。

那么，我们就得考虑是否进行创伤性抢救？在做出任何决定之前，最先考虑的是患者是否曾有生前预嘱。如果患者曾就自己病情一旦进入到危重阶段，放弃任何医疗措施，那么，遵守患者遗愿是家人亲属对其最后尊严的最好维护。

如果患者生前没有任何交待，那么必须以患者生命质量与尊严为最重要的考量。尽可能减少患者痛苦、尽可能避免身体的创伤等。联系主治医生，密切关注患者病情。了解相关医学背景知识，从科学的角度严谨思考对策，避免情绪化与非理性化。

最后阶段的取舍，最关键的在于心肺复苏与插喂食管两项，这两项都是在没有患者生前意愿的情况下必须由患者家庭考虑的。

关于抢救性治疗，客观上来讲，有两种情况需要理性对待。

一种情况下，如果病人处于疾病初期甚至中期，抢救性治疗显然是活命之术。比如在心脏病发作或原本健康的人遭遇意外事故的时候，心肺复苏在某些情况下是挽救生命的极其有效的方法。这里不存在是否有损尊严的问题，争取通过手术恢复有品质有质量的生命始终是第一考量。

另一种情况，即患者进入生命末期之后，对于进入不可逆之死亡过程中的患者，心肺复苏的成功率很低。因为心跳和呼吸最终还是会因为疾病的进展而衰竭。也就是说，心肺复苏即使暂时成功也无法达到挽救生命的目的，因为患者虚弱的身体状况将很快使心跳和呼吸再次衰竭。这样，必然造成对心肺复苏的依赖，患者始终无法自主呼吸，生命无法回归自然常态。而且，此时抢救性治疗对生命尊严的损害是不可恢复的，因为手术留下的各种创口只能是在机体健康的个体身上才能自行愈合，对那些进入生命最后阶段的患者是不可能了。

显然，这种情况下，抢救性治疗除了带给患者创伤之外，没有任何意义。

②生命进入最后阶段，死亡机制开始发生作用。死亡是一个过程，即生命最后阶段是通过衰竭来实现死亡，而且死亡必定是整体死亡，即身体的任何部分终归消亡，乃至于器官移植也必须在有限的时间内实施才有效。实质上，当人的身体由于疾病的侵蚀达到一定程度后，死亡过程就已经开始，生理功能必然会发生不可逆的衰竭，包括对氧气的吸收转换功能。当患者呼吸困难时，如果给供氧会加重其痛苦；如果身体发抖，有点凉，你加盖被子不但不会让他感觉暖和反而会增加他的痛苦等。死亡的过程完全是与生的过程相悖的，加诸病人身体的任何东西唯有当其富有生机时才是有意义的，令他产生快乐感的；否则，加在不可逆的死者身上，只能适得其反，因为违背了生命的自然行程。

我们必须明确，生命的一切生理功能的衰退都是死亡得以实现的内在机制，死亡的内在机制包括氧气吸收功能的衰退和食物吸收功能的衰退，使用呼吸机和喂食管在此阶段都是徒劳无功且造成病人巨大痛苦的行为。

进入重度失智阶段的患者走向死亡的必然性。有人说，失智症的漫长病程实质上就是漫长的告别仪式。失智症令个体的人性不可逆地彻底丧失，但只要是在病程中，特别是在轻度与中度，甚至轻重度阶段，其生命意义仍然存在，只要是身体健康状况还没有完全恶化。然而，如果进入重度后期，其身体健康状况极度恶化，以至于无法维持稍有质量的生活，那么，其生命的价值便不复存在，此时，如果硬性采取生命维持系统仅仅是维持人工呼吸，那显然是有损生命尊严的情形。

至此，家人选择放弃治疗，通过缓和医疗方式减轻患者痛苦，让其自然抵达生命终点，这将是最好的结局。

（2）最后的决定应尽可能符合患者的意愿

这里的问题在于，如果患者未曾有生前预嘱，那么如何才能知悉患者的意愿？实际上，我们可以通过回忆患者先前对相关问题的基本看法和态度来大体推理。毕竟，患者是跟家人共同生活几十年的亲人，他的思想观念及行为习惯，甚至性格情绪在家人心里都非常清楚。因此，任何决定的作出可以首先作换位思考——如果我是患者，而患者先前的言行总能够为我们提供一些蛛丝马迹。

（3）谁做决定

决定的做出必须是家庭成员共同所为。避免单个人的片面性与主观性，更不可以考虑生命尊严之外的经济、社会及情感等其他非本质因素。

家人照护失智症患者要付出全部心血，如果还要将患者的情感情绪转移过来，那将不堪重负。然而，如果我们始终以患者尊严的维护为宗旨，那么，我们大可以放松一下自我。因为，这样才能达到生死两安！照护者已然求得心安，何不放松一下自我心灵？！

附录　失智症研究与照护机构信息

1.内地部分失智症照护机构信息

序号		机构名称	地址	联系电话	其他
1	失智照护旗舰店	椿萱茂（北京双桥）老年公寓	北京市朝阳区双桥东路	4000863377 转 1#8	124 房间 /243 床位
2		椿萱茂（广州兴业）老年公寓	广州市番禺区桥南街陈涌路	4000863377 转 5#2	135 房间 /264 床位
3		椿萱茂（天津东站）老年公寓	天津市河东区华越道	4000863377 转 6#2	66 房间 /132 床位
4		椿萱茂（成都南三环）老年公寓	成都市锦江区锦丰一路	4000863377 转 7#5	127 房间 /242 床位
5		椿萱茂（重庆回兴）老年公寓	重庆市渝北区回兴街道金锦路	4000863377 转 8#2	125 房间 /194 床位
6		爱知介护	广州市天河区大观路10号A408	400-838-1998 13316105092	7288909qq.com
7		双井恭和苑	北京市朝阳区百子湾南二路92号	40000459 59 01087159999	
8		上海乐缘养老院	上海 徐汇区 宾阳路36号	021-64151576	
9		杭州凯超养老院	杭州市余杭区临平街道唐梅路9号	0571-88555600	

2.部分失智症研究机构信息

台湾临床失智症学会

网址：www.tds.org.tw

台湾失智症协会

网址：www.tada2002.org.tw

中国阿尔茨海默病协会

网址：www.adc.org.cn

中国老年性痴呆协会

网址：www.caad.org.cn

香港老年痴呆症协会

网址：www.hkada.org.hk

阿尔茨海默病协会（Alzheimmer's Association）

网址：www.alz.org

美国帕金森病国家基金会（National Parkinson Foundation）

网址：www.parkinson.org

参考文献

一、出版物

［1］周贞利.记忆空了，爱满了［M］.北京：华夏出版社，2017.

［2］〔美〕舍温·努兰.死亡的脸［M］.杨慕华译.海口：海南出版社，2002.

［3］谢瑞满.实用老年痴呆学［M］.上海：上海科学技术出版社，2010.

［4］陆恒，等.老年痴呆症病人家人最关心的330个问题［M］.武汉：湖北科学技术出版社，2012.

［5］海南普亲老龄产业发展研究院.正确认识失智症［M］.北京：中国社会出版社，2014.

［6］邱铭章，汤丽玉.失智症照护指南［M］.北京：华夏出版社，2016.

［7］〔美〕荷妲·桑德斯.爱我的人也呼吸著我［M］.郭宝莲译.新北：木马文化事业股份有限公司，2017.

［8］〔奥地利〕阿尔诺·盖格尔.流放的老国王［M］.谢莹莹译.上海：上海人民出版社，2014.

［9］北京老年痴呆防治协会，阿尔茨海默病防治协会，国际老年痴呆协会中国委员会.失智症老人照护师［M］.北京：北京出版社，2017.

［10］〔美〕莉萨·吉诺瓦（Lisa Genova）.我想念我自己［M］.陈嘉宁译.中信出版集团，2017.

［11］张大诺.她们知道我来过［M］.北京：中国青年出版社，2014.

［12］〔美〕乔琳·布瑞奇.他们从未忘记你［M］.王佳琬译.北京：华文出版社，2014.

［13］王培宁，刘秀枝.假如我得了失智症［M］.北京：华夏出版社，2016.

［14］〔日〕佐藤雅彦.失智的人想告诉你们的事［M］.出色文化出版事业群·好的文化，2015.

［15］张露莹.糊涂的老人：解读老年性痴呆症［M］.西安：陕西科学技术出版社，2012.

［16］〔美〕大卫·斯诺登.优雅地老去［M］.李淑珺译.北京：世界图书出版社，
2014.

［17］李霞.帮我记住这世界：临床医生写给认知症家庭的32个小故事［M］.上海：
上海科技教育出版社有限公司，2018.

［18］张静慧，黄惠如.当爸妈变成小孩：全方位照顾失智老人［M］.武汉：湖北科
学技术出版社，2018.

［19］许添盛医师，王季庆.我心医我病［M］.北京：华文出版社，2010.

［20］〔美〕伦敦（London. J）.怎样与老年痴呆症患者沟通［M］.张荣华，等译.北京：
中国轻工业出版社，2011.

［21］〔日〕有吉佐和子.恍惚的人［M］.李炜译.海口：南海出版公司，2011.

二、报刊文献

（1）康越.日本失智老年人照护对策分析［J］.北京社会科学，2014（11）.

（2）"韦尼克区"，百度百科 https://baike.baidu.com/item/%E9%9F%A6%E5%B0%BC
%E5%85%8B%E5%8C%BA/10895484?fr=aladdin。

（3）钱炜：中国阿尔兹海默病大调查—老龄化社会的恐怖袭击（上）［DB/OL］.中国
新闻周刊 http://www.360doc.com/content/16/0419/22/1194775_552144330.shtml.

（4）老年痴呆症吧 http://tieba.baidu.com/f?kw=%E8%80%81%E5%B9%B4%E7%97%
B4%E5%91%86%E7%97%87&ie=utf-8&traceid=。

（5）如何和失智症长者沟通交流？［DB/OL］.2018-07-23 22:18http://www.sohu.com/
a/242543734_100151639搜狐健康

（6）冷漠是老年痴呆症前兆［J］.中华中医药学刊，2016（2）.

（7）张浩.很无奈！最温情的家人变成"陌生人"［N］.三湘都市报，2018-10-20
08:01:30。

（8）严文君，高修银"老年痴呆症危险因素的研究进展.陆召军华东地区第十次流行
病学学术会议。

（9）珏晓.老年失智等于阿尔茨海默病吗？［N］.人民日报（海外版），2013-12-06.

（10）李秀霞".多元化干预活动与失智症［J］.中国社会工作，2017（2）〔中〕.

（11）方陵生.痴呆症：当今时代的医学难题［J］.世界科学，2011（9）.

（12）孙云选稿，袁润秋.老年痴呆症呈年轻化趋势 失智人群期盼得到专业护养［N］.
新民晚报，2010-12-09.

（13）李琪.很惊人！我国老年痴呆患者已超千万［N］.三湘都市报，2018-10-20.

（14）美国研究老年痴呆症获新发现［J］.中华中医药学刊，2008-12.

（15）杨漾文.65岁以下失智症患者　人数六年来激增六倍［N］.联合早报，2017-
11-26.

（16）罗文.如果我失忆了，请把我留在这里［J］.中国社会工作，2018（5）〔中〕.

（17）李剑平.浙江发布接收失智老人机构地图［N］.2019-05-26.中国青年报·中青在线记者.

（18）"31岁男子坚持三年穿高中校服，背后原因感人"［N］.（2018-12-14）来源：北青网。

（19）陈斌强，朱振岳，杨香菊."孝子教师"［J］.中国农村教育，2013（04）.

（20）刘焕明.失能失智老人长期照护的多元主体模式［J］.社会科学家，2017（01）.

（21）肖媛，夏咏梅，成艳，任琴，中国玉.老年痴呆病人护理研究进展［J］.当代护士，2018，2（24）（下旬）.

（22）李明艳.大陆与我国台湾地区失智症患者照顾模式与资源的对比分析［J］.中国初级卫生保健，2016，30（4）.

（23）王正蓉.失智症照顾服务的沟通路径与养老机构服务质量的探讨——基于汉密尔顿操作性问题的访谈分析［J］.中国社会工作，2018（6）（下）.

（24）康越.日本失智老年人照护对策分析［J］.北京社会科学，2014（11）.

（25）《中国青年报》评论员："老年痴呆症"更名是一个正确的开始［J］.中国卫生人才，2012（11）.

（26）"窗外八旬老人徒手从15楼爬到5楼"［N］.北京晚报，2019-04-27.

（27）唐若水.瑞士：不将失智症患者当"异类"［N］.光明日报，2013-06-03（12）.

（28）"忘了世界，只记得爱你——走进失智老人的世界"［N］.甘肃经济日报，2015-01-22.

三、其他参考书目

1.〔美〕梅斯，雷宾斯基.一天36小时：痴呆及记忆力减退病患家庭护理指南［M］.（第5版）.金淼，等译.北京：华夏出版社，2013.

2.张季声.远离阿尔茨海默病：让晚年更幸福［M］.哈尔滨：黑龙江科学技术出版社，2017.

3.胡维勤.失智症老人家庭照护枕边书［M］.广州：广东科技出版社，2017.

4.赵斌，蔡志友.阿尔茨海默病［M］.北京：科学出版社，2015.

5.〔美〕戴尔·E·布来得森.终结阿尔茨海默病［M］.何琼尔译.2018.

6.李广智.老年性痴呆［M］.2.北京：中国医药科技出版社，2013.

7.吕洋.与失智老人快乐相处［M］.重庆：重庆出版社，2018.

8.张允岭.老年痴呆早期防治手册［M］.北京：人民卫生出版社，2013.